第五项修炼

终身学习者

02

[美] 彼得·圣吉（Peter Senge）等著 张成林 译

PRESENCE:

An Exploration of Profound Change in People, Organizations, and Society

第五项修炼系列典藏版

中信出版集团 | 北京

图书在版编目（CIP）数据

第五项修炼：终身学习者 /（美）彼得 · 圣吉等著；张成林译 . -- 2 版 . -- 北京：中信出版社，2018.5（2025.4 重印）

书名原文：PRESENCE: AN EXPLORATION OF PROFOUND CHANGE IN PEOPLE, ORGANIZATIONS, AND SOCIETY

ISBN 978-7-5086-7526-8

Ⅰ . ①第… Ⅱ . ①彼… ②张… Ⅲ . ①企业管理—组织管理学 Ⅳ . ①F272.9

中国版本图书馆 CIP 数据核字 (2017) 第 093118 号

PRESENCE: AN EXPLORATION OF PROFOUND CHANGE IN PEOPLE, ORGANIZATIONS, AND SOCIETY

by Peter M. Senge, C. Otto Scharmer Joseph Jaworski Betty Sue Flowers

第五项修炼：终身学习者

著者：［美］彼得 · 圣吉 等

译者：张成林

出版发行：中信出版集团股份有限公司

（北京市朝阳区东三环北路 27 号嘉铭中心 邮编 100020）

承印者：三河市中晟雅豪印务有限公司

开本：880mm × 1230mm 1/32　印张：9　字数：187 千字

版次：2018 年 5 月第 2 版　印次：2025 年 4 月第 14 次印刷

京权图字：01–2009–2660　书号：ISBN 978–7–5086–7526–8

定价：65.00 元

图书策划：中信出版 · 漫游者

总策划：李穆　策划编辑：鄢林敢

责任编辑：鄢林敢　营销编辑：彭博雅

版权经理：田京京　张琦　装帧设计：赵妍

服务热线：400–600–8099

投稿邮箱：author@citicpub.com

谨以此纪念弗朗西斯科·瓦莱拉

（Francisco J. Varela，1946—2001）

2017 年第五项修炼系列中文版序 // V

2010 年中文版序 // XI

|引　言| // XV

局部和整体 // XIX

有生命的组织的出现 // XXI

关于学习的新思考 // XXIV

未来之势场 // XXVI

体悟当下 // XXVIII

关于本书 // XXIX

第一部分
学会观察

|第 1 章| 安魂人类 // 003

|第 2 章| 观察我们的观察 // 009

悬挂观点的容纳力 // 011

一起悬挂观点 // 014

建设容器 // 016

采用新视角的勇气 // 018

悬挂观点的内功 // 019
整合内功 // 021

|第 3 章| 从整体观察 // 025
再引导：观察生成过程 // 026
直面真实的整体 // 029
从组织内部观察 // 032
再引导的内功 // 034

|第 4 章| 观之以心 // 039

第二部分
深入静默

|第 5 章| 生成的时刻 // 059

|第 6 章| 生成中的理解：U 型理论 // 071
一个理论的种子 // 071
第二种学习实践 // 074
感知 // 075
呈现当下 // 077
实现收获 // 079

|第 7 章| 骆驼过针眼：放得下，拿得起 // 081
内心的疑惑 // 082
舍弃控制欲 // 084
本原觉知 // 085
陌生的自我 // 088

服从于承诺奉献　// 090

|第 8 章|　婚礼　// 093

第三部分
成为自然之力

|第 9 章|　在梦的走廊中　// 105

|第 10 章|　高远之志　// 119

清晰意向的结晶　// 121
种子很小　// 126
意向的工作　// 128
觉醒　// 130

|第 11 章|　与宇宙的深度对话　// 133

形成原型　// 134
创造和调整　// 137
聆听反馈　// 141
重新发现志向目标　// 143
保持连通　// 146
共时性：自我觉知的场　// 147

|第 12 章|　掌握建设组织的技能　// 151

第四部分
直面未来

|第 13 章| 领导力：修身成人 // 165

|第 14 章| 用内心智慧做科学研究 // 177

评估 // 181
不可分割的整体 // 183
盲点 // 185
生命系统的反身性科学 // 187
用内心智慧做科学研究 // 191
我们的浮士德交易：转移负担到现代科技 // 193
新路径 // 199

|第 15 章| 体悟当下 // 203

尾　声 “人类消失后，猩猩就有希望了吗？” // 229
注　释 // 237
致　谢 // 251

2017年第五项修炼系列中文版序

自《第五项修炼》中文版出版至今10年间，中国内部发生了很大变化，它在世界上的地位亦然。中国不再以追赶西方作为驱动力——在许多方面，中国已经与西方国家并驾齐驱了。尽管中国是一个巨大而复杂的社会，但目前已有约4亿人属于“中产阶层”了，物质生活水平以如此惊人的速度提升，这在人类历史上前所未有。

不过，中国的崛起也带来了自身文化的困惑。拥有如此深厚、绵长，历经5000多年文化滋养的国家为数甚少。然而，消费主义的理念已经逐步影响了这个社会。鉴于西方的生活方式在中国迅速发展，设想再经过一两代人，中国的传统文化或将仅仅是一个局限于书籍、电视剧等大众媒体的浪漫主题。这很像当今的美国人还可以观看一些有关“老西部”的电影，但他们自己心里清楚，那已经是一个永远逝去的时代。

此类深层文化动荡也可以生成新的机缘。以“中国文化是这个世界上至高无上的文化，并将永远如此”这种简单假设为基础的文化自满言论已经日渐失去影响，取而代之的是超越迷信，超越过去由殖民占领和后来的消费主义塑造而成的种种扭曲观念，进而更深入、真诚地关注中国文化的种种根本。

我自己对于这种觉醒有切身体会。我有幸成为南怀瑾大师的学生长达十年，近年来，我遇到的许多中国人最希望探讨的，就是中国传统文化及其与学习型组织的关系。尽管《第五项修炼》系列和其他相关书籍显然在西方有其历史成因，但令我感到神奇的是，这些书籍对于许多中国人来说，已经成为某种门径，开启了他们对于管理和领导力的人本认知，开启了他们对于不同组织针对培育超越效率和利润的福祉做出真正承诺时，存在何种可能的人本认知。

随着中国以领导者的身份逐步登上全球舞台，对于中国文化自身的认知进行这样的深层探寻尤为重要。中国如何以一个全球政治领导者的角色呈现自己呢？所有现代工业国家的种种政策都存在同样的局限：以牺牲社会与文化方面的各种进步为代价，执迷于GDP（国内生产总值）增长，沉迷于那些在政治上将我们相互隔离的“民族—国家”的人为边界——即便对那些与我们分享共同利益的人们来说也是如此。

多年来，中国一直在采取行动，加速能源结构调整，尽管外界对此几乎一无所知。自2009年启动的历史性碳减排承诺起，中国就已将自身投入到一条转型的道路：终止并最终逆转温室气体排放的灾难性增长。不过，这些承诺最初在西方几乎无人知晓。我对此有所了解，是因为在我做过的一些公开演讲中，我会就此向那些在这个领域中博学多闻的听众们提问，但几乎没有人知道中国在2009年已经做出的这些承诺。

随着历史性的《联合国气候变化框架公约》于2015年在巴黎签订，情况开始变化了。此时，那些与联合国这项议程有密切关系的人们意识到，地缘政治之风已经变换了方向。他们认识到，无论其他国家做了什么，如果不是中国已经做出了承诺并持续前行，巴黎协定的签订根本不会发生。实际上，当时多数在巴黎参会的人都认为，奥巴马总统做出的承诺不大可能获得国会批准，而特朗普总统在2017年便戏剧性地宣布退出这项协定。虽然还远不够理想，但两个最大温室气体排放国家之一做出的深层变革承诺对于许多国家来说就是足够的保证：我们在减缓并最终逆转全球气候方面正在进入一个全球合作的新时代。

围绕气候变化的全球领导力量转变既具象征意义，又有实际影响。实际上，各个国家都被要求优先考虑长期的未来，而非各种短期的经济措施，各个国家也被要求以评价经济健康同等重要的程度来评价自然环境的健康，同时要认识到这两者是密切相关的。它们还被要求以全球社群的形态合作努力，因为任何单一国家的行动——包括中国的行动在内，都是远远不够的。它们被要求真诚地对待科学，即便这样做会挑战以往那些被奉为神圣的、“一切照常”的信念，比如，只关注GDP增长，而忽视社会和环境健康的指标。

这些都是领导力文化的改变，并非仅是其策略或手段的改变。而且我相信，恰恰就是在这个领域，而非其他领域，中国的觉醒可以产生更大的影响。几百年来，西方模式奉行的道德与伦理的完美理想，与“一切照常”的实际做法近乎背道而驰。然而，我相信，中国传统智慧的觉醒与对一种新型全球领导力的前所未有的需求相结合，可以创造出一种新的良性循环。

南怀瑾大师过去几十年的努力，着重于帮助中国人领悟儒学传统的精神基础，以及如何将其与其他学问融会贯通。他以为，在过去500年里，这种领悟大都遗失了，但在今天却迫切需要。比如，他在《原本大学微言》中的诠释中指出，《大学》是一部以“领导力形成发展的七证反思空间”（知、止、静、定、安、虑、得）为根基的领导力培育手册。真正的领导力并非来自企图心或是源自地位的威权，而是来自于一个人一生专注培育自己的深入倾听能力：既倾听当下，又倾听若隐若现的未来，以及将自己的注意力从无论是金钱、权力，还是奉承等自我关注或他人的不良影响中释放出来。领导人必须培育孟子所说的“不动心”，继而形成明晰的愿景。他们必须有诚信，才能因此而建构服务于更为远大目标的真诚协作。他们必须成为罗伯特·格林里夫所说的“仆人领导”，为一个更大的整体的福祉服务。

超越“一切如常”的领导力需要智慧，并非只需要情感。我相信，如前述例子所示，我们所需要的智慧必须来自于重振全球各地的智慧传统，来自于展示这些智慧与我们今天所处困局的相关和相适。虽然这一行动超出了中国自身的范围，但如果不是中国引领这个进程，我看不出谁还会有力量引领。

南怀瑾大师在他生前最后一批著述中指出，自黄帝起，教化——教以成化，就是中国文化的根基。能够在今天全球化商业中有效竞争并成长的企业，必须拥抱一种对于学习的真正承诺——通过培育人去培育一家企业。工作场所的人本价值观不应只是口号，还必须植根于培育个人、培育包容性团队文化的不息进程之中。相比之下，基于家长控制的碎片式工作文化的衰败，在政府和社会领域及商业中比比皆是，因为这些组织没有能力持续学习，没有能力适应今天变幻无常的世界。组织中各个层级对于学习的这种深层次、全身心的承诺，一直以来就是各种学习型组织的标志特征，恰如持续评估我们共同为更大整体做出贡献的状态是系统思考的核心。

因此，在中国这个转折的时刻，《第五项修炼》系列再版，我最大的希望是通过汲取往昔的智慧，为应对今天种种罕见难题尽微薄之力。张载（1020—1077）在著名的《西铭》中的文字就描述了一个全球领导力世界：

"乾称父，坤称母；予兹藐焉，乃混然中处。故天地之塞，吾其体；天地之帅，吾其性。民，吾同胞；物，吾与也"。

彼得 · 圣吉

2017 年 7 月 28 日

2010年中文版序

《第五项修炼》出版后数年间，我们参与这方面工作的人发现，运用这些原理和方法并做出不可思议的成就的少数领导者，与大多数毫无建树的领导者之间有着巨大的差别。这种差别究竟在哪里呢？它似乎与智力无关，也不仅是管理经验或在组织中的职权的问题：许多成就斐然的领导者相对来说并非阅历丰富，往往也远不是等级体系里处在最高位置的人，而许多处在组织高位的人反而成绩平庸。

成就斐然的一位领导者比尔·奥布赖恩（Bill O'Brien），曾先后担任一家几近破产的保险公司的副总裁和CEO（首席执行官），并领导管理团队使整个公司在20年内变成业界领先企业，给了我们非常珍贵的启示和灵感。他说："决定介入结果的主要因素，是介入者的内心状态。"后来他又补充说："我相信大多数人都更愿意在有愿景指引的、基于某种核心价值观的学习型组织中工作，而不愿意在充满政治角力和屈从权威的企业组织里工作。那么，为什么学习型组织这么少见呢？我觉得根本原因是：很少有人真正理解建立这样的组织所需要的那种承诺投入。”

简言之，要成功建立学习型组织，就需要某种领导力，这种领导力对我们理解力的深度和动机的层次都提出了超出常规的要求。本书的写作，来源于我们对阐释这种理解力和深层动机的诉求。

后来，我们写作的动力还来自当今组织和社会普遍面对的越来越令人望而生畏的“系统性变革挑战”。世界各地的人们对全球工业扩张的可持续性问题越来越担忧。全球化给千百万人带来了物质利益，但同时也带来越来越多的副作用：水资源和表层土壤等关键自然资源的枯竭，垃圾、报废物品等废弃物，大气中的温室气体排放，以及食品与用品中毒性物质的大量增加，还有极端贫困和极其富有的人群之间两极分化的不断加剧。全世界50%的主要河流都被严重污染了，其他靠冰川融水形成的许多河流都在迅速萎缩和干涸，世界海洋渔场有70%被过度捕捞，其中一半已经不可能再恢复；全球超过12.5亿人（相当于1850年全世界人口总数）都没有清洁的饮用水——而且世界卫生组织认为这个数字到2020年会达到30亿，而到2030年的时候，印度和中国将会有一半人口用水得不到保障。

世界各地的人们还看到，我们目前的组织和领导力现状都无法应对这些挑战。CEO只关注短期财务业绩，国家元首们只关注GDP（国内生产总值）的增长，而各类政府部门面对深层的系统性问题，也无法超越部门条块划分的现状和碎片化的反应方式。甚至肩负环保和社会正义使命的“社会组织”，也往往无法超越抗议和指责的层次。在相互依赖程度不断增加的时代，各个领域的领导者们却越来越不能超越自己的狭隘目的，转而关注整体的福祉。为了扭转这种局面，在未来的岁月里，各类组织都将需要进行深层的学习实践。

这两个问题，即如何建立真正开放的学习型组织，以及如何应对工业持续增长带来的不可持续性问题，逐渐交融汇合在一起了。我们需要一种新型的领导力模式。我们时代的决定性特征，就是无法只靠等级体系领导力模式来解决一系列系统性挑战问题。这些问题无法靠条块分割的、不善学习的组织去解决。而建设学习型组织、学习型政党和学习型社会，对培养新思想、新习惯、新文化和共同工作的新能力，都是至关重要的。只有这样，我们才能在地球上创造一种不同的生活方式。

今天，究竟是什么在阻碍我们创建学习型组织和学习型社会呢？是什么在阻碍我们建立一个能够造福全体人民的世界呢？是恐惧——它使领导者无法面对真相，即当前所要求的那种深度和广度的变革；是无知——它使我们无法看清自己身处其中的更大系统；是否认心态——它使组织执迷于一个天真幼稚的信条，即它们可以一如既往、永远按旧模式行事；是玩世不恭和愤世嫉俗——它让我们觉得人类没有能力进行真正的系统思考，并拥有宽广的胸怀，对大家共同的未来真正承诺投入。总之，面对当前的深刻挑战，我们需要对人的全面发展和人性的修炼建立起新的信念和行愿。

这个观点并不新奇。各个传统文化都要求领导者进行不断的人性开发和全面发展，尽管它们会使用不同的语言来描述。这是世界各地传统智慧中的共同理念。而这些领导力理念就像传统智慧的其他方面一样，基本被现代工业社会遗忘了。我们不再寻找有智慧的领导者，反而去依靠善于玩弄等级体系权术的领导人。但是，工业时代正在走向终结。我们对领导者的期待和标准现在必须改变了，它必须适应我们正在进入的相互依存时代的要求。

然而，我们虽然可以从古代的领导力修炼理念出发，但却必须找到适合今天而不是2 000年前的系统变革和深层创新的领导力。在今天的全球化时代如何理解心灵和精神修炼？如何以一种新的方式融合科学和灵性？在商业和政府这类实际工作机构中，如何融入人类对生命系统和生命本身的新认识？要让这类变革生根发芽，究竟需要什么样的意识转变？我们怎样学会用今天的方式来考虑和谈论这类深层变革，又不至于使其陷入琐碎和平庸？从某种意义上说，这就是本书的目的。

本书完成以后，曾有一位采访者问我：如何用一句话来解释本书的要义？我不假思索地回答："那就是用现代方式呼唤神圣的介入方法。"

有机会在此欢迎许多中国朋友加入本书内容的结晶历程，并不断引导我和许多朋友的工作，是我的荣幸。你们从世界最伟大的智慧传承中走来，你们的贡献将是决定性的。我对这一点深信不疑。

彼得·圣吉

2010年4月，马萨诸塞州剑桥

引言

Presence:

An Exploration of Profound Change in People, Organizations, and Society

人们常说，树木是从种子中生长出来的。然而，一粒小小的种子究竟如何长成一棵参天大树？种子里并没有树木生长所必需的资源，这些资源无疑是从周围的环境中获得的。但种子的确提供了一项关键的东西，那就是整棵树木成长的起始点。当生长所需要的水和养分被吸收进来时，种子能够组织这一生长的过程。从某种意义上说，种子是使未来树木成长的可能性得以变为现实的元素。

我们四人尽管背景不同，但有一个共同点：我们都曾经历过集体觉醒的非常时刻，经历过由此而产生的大型社会系统的变革。

这种非常时刻之一，就发生在1990年的南非。当时彼得在约翰内斯堡北部山丘地区，与同事共同主持一个为期3天的领导力研习营。那时，举办这类研习营已有15年的历史，但之前还从未在南非举办过。彼得当时有两个同事，一个是南非的黑人，另一个是南非的白人，两人正接受培训，以便在将来能够独立主持这类领导力研习营。学员共有30名，一半是白人企业高管，另一半是黑人社区组织者。他们中的许多人都是冒着风险来参加这次研习营的。

研习营的最后一天，大家听说德克勒克总统即将发表演讲，于是就聚集在电视机旁观看。他们看到的正是促使南非种族隔离制度走向崩溃瓦解的那场著名的演讲。总统在演讲中宣布，所有从前被视为非法的黑人组织从这一刻起都变成了合法组织。安妮·娄斯毕（Anne Loetsebe）是当时在场的一名社区领导人，她完全被演讲吸引住了。当听到总统宣布每个组织的名字时，她立刻眼睛发亮，流露出喜悦的神情：非洲民族会议（ANC）、泛非洲人大会（Pan Africanist Conference）……安妮后来说，当听到每个组织的名称时，她立刻就想到，那些因参加这些组织而被捕入狱的亲人终于能获释回家了。

那场演讲过后，研习营又恢复了既定的日程安排，直到圆满结束。当天下午，作为研习营日程的常规内容，大家观看了马丁·路德·金的《我有一个梦想》的演讲录像。由于这部录像曾一度被南非政府禁止播放，所以许多人此前从未看到过。最后大家做结语发言，即给每个人最后的机会，把想说的话说出来。先发言的4位说到这次研习营对他们的重要意义，以及他们在反思自我和领导力开发方面的学习收获，都说得非常精彩。第5位发言的是一位高个子的非洲企业高管。这位先生在研习营中一直沉默寡言，个人感情从不外露。此时他站起身，面对安妮并看着她说道："我想告诉你，我小时候，大人一直教我把你们看作动物。"说完，他就开始哭泣。安妮双手扶住他，看着他，默默地点了点头。

"我看到这一切，觉得一个巨大的结已经解开了。"彼得说，"我不知道该怎样来描述，就好像打了结的绳子突然间被解开了。我从直觉上感到，过去把那位先生和许多人束缚起来的枷锁已然被打开，他们获得了解放。尽管当时曼德拉仍然被关在罗本岛监狱，自由选举也还是4年以后的事，但从那时起我就坚信，南非必将经历一场深刻、重大和持久的转变。"

许多年来，我们四人有一个共同的愿望，即更好地理解这类转变时刻，包括其背后的驱动力及其释放的变革信号。这类转变究竟是如何得以发生的？我们觉得，我们过去的写作，最多也只是描述了歌词，却基本上把乐谱遗漏了。当代变革理论似乎既没有足够的聚焦，又没有足够的视角，当然这听上去很矛盾。我们以后将要参与的变革，既包含深层的个人转变，又是固有的系统性变革。但是，有转化力的变革所隐含的深层经历，却是现有管理学研究所忽视的，也是对领导力的一般理解中所忽视的。如奥托所说："这是个盲点，它所涉及的并非'是什么'或'如何做'的问题，即不涉及领导做什么事或怎么做事的问题。它涉及'是谁'这个问题：我们是谁？作为个人和集体，我们行动的内在源泉和动力是什么？"

局部和整体

本书所讲的内容，来自我们对整体的属性，以及对整体与局部的关联的理解。我们通常的思维方法总在欺骗我们——它让我们认定整体是由许多局部组成的，就像汽车是由轮子、底盘和传动装置等部件组成的。这种思维认定整体是局部的组合，并依赖局部来发挥有效作用，如果哪个局部受到损坏，就必须将其修复或更换。对于机器来说，这种思维方法是非常合理的，但生命系统就不同了。

与机器不同的是，生命系统，譬如人体或树木，是能够自我创造的。生命系统不只是部件的组合，它处在不断的生长变化中。生命自身及其各个组成部分都在不断地变化。大约200年前，德国作家和科学家歌德就认为，这一事实让我们必须对整体和局部进行与以往完全不同的思考。

对歌德而言，整体是一种动态的活体，它不断地“以具体的表现形式”生成持续变化的现实存在。[1]而局部则是整体的一种表现，它绝不仅是一个组成部件。两者的存在互为条件。整体的存在是通过不断地表现为各个局部来实现的，而局部则是以整体的具体化身形式而存在。

发明家富勒（Buckminster Fuller）总爱举起手向人发问：“这是什么？”别人总是回答说：“一只手。”然而富勒随后却指出，组成手的细胞在不断地死去，又不断地自我再生。看似有真形实质的手，其实是处在不断的变化中的。实际上，手在一年左右的时间里将完全自我再生。因此，如果把一只手，或整个身体，或任何生命系统，看成是“静止不变”的东西，那就大错特错了。“你看到的不是一只手，而是一个‘有结构的整合体’，它代表宇宙创造手的能力。”富勒解释说。

对富勒来说，这个“有结构的整合体”就是每一只独立的手，作为“具体的表现形式”而代表的那个整体性。生物学家鲁珀特·谢尔德雷克（Rupert Sheldrake）把这种隐蔽的组织结构叫作生物体的生成力场。“在自组织系统中，各个层次的复杂关联里都有一种整体性，它依赖于该系统的一种独特的组织力场，或叫形态场。”谢尔德雷克解释说。[2]不仅如此，对于谢尔德雷克来说，生命系统的这种生发力场还会延伸并连接到周围环境中。例如，每个细胞对生物体来说都包含了完全相同的DNA（脱氧核糖核酸）信息，然而细胞在生长成熟过程中却分化成形态各异的组织细胞：眼睛、心脏、肾脏细胞等。这种现象的发生，是因为细胞会根据其周围的环境和条件，以及生物自身整体的健康需求而形成其自身的社会特征。当一个细胞的形态场退化的时候，它对身处其中的更大整体的感知力也会相应退化。当一个细胞完全丧失其社会特征而盲目地、不加分别地进行细胞分裂活动时，它最终将威胁生物整体的生命——这就是我们所知的癌症。

要理解生命系统的局部和整体的关联，其实并不需要我们在微观水平上研究大自然。如果你凝视夜晚的天空，你就可以从自己那一点看到整个天空。然而，你的瞳孔在完全张开时直径也不会超过1厘米。但整个天空的光线肯定以某种方式汇集在你的瞳孔那个很小的空间里。即使你的瞳孔只张开了一半或1/4，结果还是一样。总之，整个夜空的所有光线都呈现在每一个地方，不管是多小的角落。这揭示了全息照相的原理。相干激光束形成的三维全息立体图像也可以“日取一半，万世不竭”，留下的一半，不管多小，永远包含着原始的整体图像。这表明了局部和整体之间恐怕是最神秘的现象，即物理学家亨利·伯涛夫特（Henri Bortoft）所说的：“一物含万物。”[3]

当我们逐步理解自然的整体性时，便会感到惊讶。如伯涛夫特所言：“局部是体悟整体性的地方。”[4]这一见解，正是我们在接受整体是以可更换部件组成的那种机械论世界观时所丢失的。

有生命的组织的出现

对于各类跨国组织及其所共同形成的更大系统而言，理解局部和整体的关联尤为重要。《长寿公司》（*The Living Company*）[5]一书作者、组织学习领域的先驱之一阿里·德赫斯（Arie de Geus）说，20世纪地球上出现了一个新物种——大型组织，特别是全球性跨国公司。这一发展是有历史意义的。在这个世纪之前很少有全球性的组织。而今天，全球性的组织及其所促生的金融、销售、供应和信息等全球性基础设施，都在迅速繁衍，似乎没有任何限制。

这一新物种的扩张，正在影响着地球上几乎所有其他物种的生活。历史上从没有任何个人、部落甚至国家，能够改变全球的气候、消灭数千个物种或改变大气的化学平衡。而这正是今天所发生的事：我们个人的行为，通过日益增长的全球性组织网络的调节和放大作用，引发了这些问题。这个全球网络决定什么样的技术能得到开发，以及如何得到运用。它决定着政治议程，因为各国政府要应对跨国公司、国际贸易和经济发展的优先选项。它改变着社会现实，因为它形成了新的全球经济受益者和非受益者两极分化的世界。它还在宣扬着即时通信、个人主义、财富至上等全球性的文化价值，威胁着传统的家庭、宗教和社会结构。简言之，全球性组织的出现，导致了地球上生命存在条件的剧烈变化。

把全球化和信息革命等有巨大影响力的事件，看成是由一个新物种的行为带来的结果，听上去似乎有点儿奇怪，但这一观点也的确很有力量。与其把影响世界的种种变化归结为少数极有权力的个人和“无面孔”的系统的行为，还不如把它们看作一种生命形式的作用，而且这种生命形式和其他生命一样，具有生长、学习和进化的潜力。但是，在这种潜力得到开发以前，旧的工业时代的组织将继续其盲目的扩张，并对其自身与更大的整体的关联，以及对其生长和扩张所造成的后果，都毫无察觉。

例如，当我们走进中国、印度或巴西任何一座城市的学校，会立即发现其教育的组织形式在西方人看来似乎是理所当然的。学生们被动地坐在教室里，教学的每一步都是由事先拟定的计划决定的。铃声、哨子和程序规章，使得每时、每日、每年的每件事，都像是在一个巨大的组装生产线上那样流动。的确，工业时代学校的设计就是在组装线的启发下做出的，其目标就是以最高效的方式生产统一的、标准化的产品。尽管21世纪对培养有思想、有知识、有同情心的全球公民的需求，与19世纪训练工厂工人的需求有着根本的差别，但工业时代的学校却依然照旧发展，并在很大程度上与今天孩子们成长的现实相脱节。

一个有生命的系统总是不断地自我创造。但至于像全球性组织这类社会系统，怎样才能做到这一点，就要看我们每个个体、集体和社会的认知水平。每所学校自身都既是一个整体，又是一个可以“体悟”更大教育体系的局部场所。学校里的每个成员，包括教师、行政人员、学生，甚至是学生的家长，也都一样。我们每个人都对我们自己做学生的经历有记忆和期待。企业组织及其成员也一样，他们也是体悟现行管理体系的场所。只要我们的思想仍然受到“机器时代”可控制性、可预期性和“越快越好”等思维方式的束缚，我们就会继续创造旧模式的组织，尽管它们和外面的世界已经越来越不和谐了。

总之，全球性组织这一新物种的根本问题，是它们还没有意识到自己是有生命的。只要有一天它们意识到这一点，就能成为体悟整体性的场所，而且能够把握整体的潜力和未来的趋势，超越过去的经历。

关于学习的新思考

在遇到担心和焦虑的情况时，我们中的任何人都可能会回到自己最习惯的行为方式上去。社会和集体的行为也没什么两样。尽管世界的情况已经发生了巨大的变化，但大多数企业、政府机构、学校及其他大型组织，仍旧按照一直以来的习惯重复着同样的组织行为。

这并不是说它们没有学习，而是说它们的学习非常有局限性：学习局限于对周围环境做出最佳的反应，好像自己与周围环境的形成毫不相干。反应性学习局限于“下载”习惯的思维方式，并沿用我们感到舒适的、熟悉的范畴来看待世界。而对那些与自己所了解和相信的不尽相同的说法和做法，我们要持怀疑的态度。我们为自己的利益辩护。在反应性学习中，我们的行动实际上是习惯的重复，并且无疑最终会强化自己原有的心智模式。不管结果如何，我们最终总是“正确的”。往好处说，我们只是把以往做过的再做得更好。我们在自己原有的世界观里寻找安全感，作茧自缚，而与外面的世界更加隔离。

但是，不同于上述模式的学习也是可能的。十多年以前，约瑟夫和奥托开始采访前沿科学家，以及企业与社会型企业的创业者。这些采访（现已有150多份）开始时，他们总要问一个简单的问题：“您在工作中所面对的核心问题是什么？”两类受访者的谈话放在一起，揭示出一种新的学习过程，它可以创造一个不为习惯所主导的新世界。

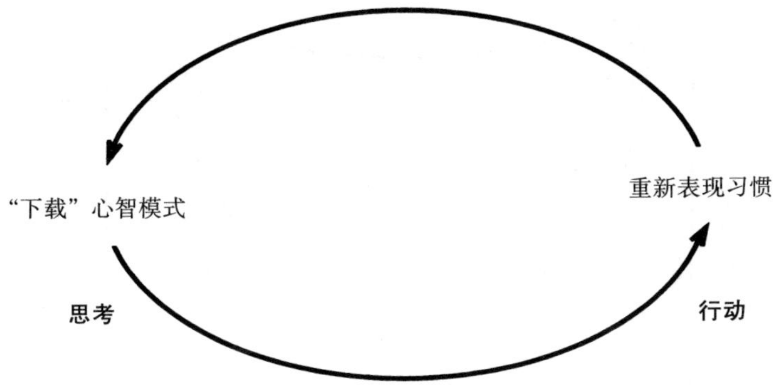

反应性学习

各种学习都包含思考和行动两方面。在反应性学习中，思考是在已有的心智模式下进行的，而行动则是在过去的行为习惯模式下进行的。

所有学习都包含思考和行动两个方面。所有学习都涉及我们如何与世界互动，以及从中能开发什么样的能力。有所不同的是见解的深度，及其所带来的不同的行动原动力。如果见解从未超越事件本身和眼前情况的表面层次，行动就会是反应性的。然而，如果能深入参透更大的整体及其所生成的“现实”，以及我们自己与这个整体的联系，那么我们行动的原动力和有效性就将获得极大改观。

与科学界精英交谈时，我们发现了许多卓越的见解，涉及我们深层参悟的潜力及其对理解力、自我观念和我们在世界上的认同归属感等方面的作用与影响。与企业家交谈时，我们感到他们的观点异常清晰：他们使我们清楚地意识到什么样的行动才能服务于正在生

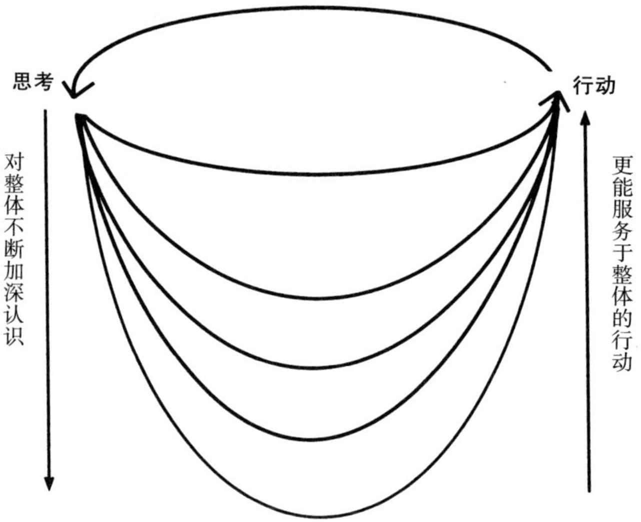

更深层的学习

更深层的学习实践能创造对更大整体的更深层的见解，包括整体的现状及其演进的方向，学习所带来的行动将越来越成为创造未来的过程的一部分。

成的现实，以及怎样让新的灵感和洞悉服务于呈现中的新现实。但我们还发现，这两部分人基本上没有什么交流。而实际上这两部分人所谈论的是同一个过程：通过这个过程，我们可以学会“当下体悟”正在呈现的整体，学会成为萧伯纳所说的那种“自然之力”。

未来之势场

深层学习的关键在于认识到，我们所积极参与的更大的生命整体在本质上不是静止不变的。和所有生命系统一样，它既保持着生存所必需的某些特征，同时又在进化。当我们对这个动态的整体有更深的认识时，我们对正在呈现的现实就更能有所把握了。

脊髓灰质炎疫苗的发明者索尔克（Jonas Salk）曾谈到如何融入不断呈现的宇宙“动力流”并体验其演进，就像“一个活跃的、可以通过我自己的选择来引导的过程”。[6]他认为正是这种能力才使他抛弃了通行的观念，并最终发明了挽救千万人生命的疫苗。我们采访的许多企业家都成功创立了许多公司和其他类型的组织。他们都一致认为，创业者所表现出的能力，是其体察客观情势，并使自己的行动与之相适应、相和谐的功夫水平的展现。正如圣菲研究所（Santa Fe Institute）著名经济学家布赖恩·阿瑟（W. Brian Arthur）所说：“每一项意义深远的创新都要以一种内求的历程为基础：潜入内心更深处，使实证和真知浮出水面。”

这种内求的历程是所有创造力的核心，艺术界、工商界、科学界均如此。很多科学家和发明家，就像艺术家和实业家一样，有看似自相矛盾的境遇：一方面是很强大的自信心，觉得自己的选择和行动事关重大；另一方面是很深的谦卑感，觉得有超越自己的力量在引导自己。恰如米开朗琪罗所说，他们的工作只是“把自己的手从大理石的束缚中解放出来”。他们知道自己的行动是这种成功的关键，但同时他们还知道，手“是想摆脱束缚的”。

各个有生命的组织，能否学会融入超越自身的更大的势场，并导引自身朝着利于全局健康和兴盛的方向努力？这对个人和集体的认知与行动能力方面，又将有何要求？

体悟当下

我们相信，融入未来之势场所必备的核心能力，是体悟当下之力。我们最初以为，体悟当下就是完全清醒地意识到当下的时刻。后来我们开始理解，体悟当下是一种深切的聆听，并对超越自己先入为主之见和以往的习惯思考方式，保持开放的心态。我们开始看到，对旧的认同感和控制欲要“放得下”，这一点很重要。我们还看到萨尔科所说的，选择主动为生命进化服务的重要性。最后，我们还认识到，体悟当下的所有这些方面，其实是引导我们进入一种“拿得起”的境界，即有意识地参与更大的变革之势场。我们一旦“拿得起”，那个势场就会发生改变，塑造客观现状的各种力量就会从重演过去，转向促生正在呈现中的未来。

我们通过采访发现，这些意识境界的转变与几千年来世界各个精神传统所发现的很相像。例如，基督教的各个秘教都把这种转变叫作“恩典”“启示”或“圣灵”。道家理论讲到生命能量“精”可以转化为精微生命力“气”和精神能量“神”。这包括必要的心身安静的过程，佛教叫“止息”，即止息常态的意识流动，并溶化自我和世界的分界线。印度教把这一境界转变叫“整体性”或“同一性”。伊斯兰教的各个秘教，像苏菲派，则把这种转换简单地叫作“开启心灵”。每个宗教的说法不尽相同，但它们都认为这种转换是个人修炼和成熟过程的中心环节。

这个转换尽管十分重要，但就我们所知，各种精神修炼或宗教传统对集体的转换现象，或者对在集体中修炼转换的能力，还很少有论述。然而，我们的许多采访对象都在工作团队中——甚至有几个例子是在整个公司组织中——经历了激动人心的变化。一些理论家还提出了解释这种现象的理论，试图超越个人和集体的二分对立逻辑。

我们最后的结论是：要理解体悟当下、把握产生变革之大势场的可能性，就应从多种角度入手，即从研究生命系统的新兴科学、创造性艺术及组织变革的深层经历等方面入手，还要直接从理解自然的生成和哺育能力入手。几乎所有土著文化都把自然、宇宙或大地母亲当作终极的老师。人类从未像现在这般如此需要重新发现这位老师。

关于本书

我们四人从不同的背景和角度走到一起。基于在组织学习领域的早期工作，彼得集中精力花了25年时间鼓励背景多样的组织一起协作开发容纳力，变成学习型社群，这样才能完成他们无法单独完成的变革。奥托对大型变革的最初体验，是在冷战后期的柏林参加草根行动主义者团体，组织跨越东西欧分界线的关系网络。约瑟夫大半生都是企业家，曾与他人共同创建了一个大型律师事务所，之后又创立了培养“仆人领导者”（servant leaders）的全国网络组织，即美国领导力论坛（American Leadership Forum）。他后来还负责了荷兰壳牌集团的情景规划工作，并从那时起开始与贝蒂·苏合作。贝蒂·苏一生致力于研究故事叙述方式对塑造人们所经历的现实的影响。她是英语文学教授和神话学专家，曾经参与各类节目制作项目，如与约瑟夫·坎贝尔（Joseph Campbell）和比尔·默亚斯（Bill Moyers）合作制作了著名的多集电视节目《神话的力量》（*Power of Myth*），还与壳牌公司情景规划专家合作，完成了未来情景故事的创作，它帮助经理人更清晰地认识自己所面对的现实，引起了广泛的共鸣。

我们在一起分享各自的故事时，觉得在背景多样的组织中，有越来越多的人都经历了类似的深刻的集体转变，也都有类似的疑问。这个感觉部分来自我们对约瑟夫和奥托在2000年秋所做的访谈记录的共同研究和学习。我们后来意识到，这些访谈不仅提供了有效的证据，而且澄清了我们个人的第一手经验，这更重要。奥托一直在开发的、有关“当下体悟”不同层次的感知和变革的理论，[7]在约瑟夫的“感知和促生新现实”研究工作的激励下，[8]开始变得清晰起来。这是后来一系列工作论文和专业文章的灵感来源。[9]但使这个理论清晰起来的更主要的原因，是我们被一系列难以理解的共时性事件所深深吸引，似乎我们也成为某种“想要呈现出来”的未来的一部分。

本书的组织围绕我们共同工作的经历和成果进行阐述。我们四人经常作为书中的角色而出现在小组对话中，分析故事，探索不同的观点，同时把约瑟夫和奥托采访中记录的观点和视角也融合在一起。未经注解的引语都来自那些采访记录。[10]书中论点的展开，大体是按照我们四人的对话历程，以及从这些对话中逐步形成的理论和观点的前后顺序。但尽管我们的对话历时只有一年半，我们四人却又花了两年多时间才写成本书。

书中的前三部分与我们所了解的集体学习的深入过程相对应。

这个过程要从学会观察开始，然后要进一步认识正在呈现的现实，以及我们自身在其中的角色，最后要形成自发服务于变化的整体，并被整体所支撑的实践行动。最后第四部分的讨论，把这种深层学习实践又置于更加综合和一体化的条件下，即在科学研究、精神发展和领导力开发这三方面进行整合性实践。

本书的主旨是阐释一种理论，以及我们理解这个理论所走过的历程。在我们四人对话的过程中，对这个理论的理解逐渐变得更清晰了。这个时候，多数作者，特别是在领导力、组织管理和社会变革领域的作者，往往会选择回避研究过程的混乱不清和不确定状况。他们往往会把所有观点先全盘托出，然后再用逻辑的方法去阐述、演绎、推导并得出结论。我们没有那样做。我们把自己经历的前后顺序基本原封不动地呈现出来了，一部分原因是我们还在继续这一历程；还由于如果不这样做，我们就会假装已经到达了自己尚未到达的理解水平。

我们把故事和理论结合在一起，是想鼓励读者带着好奇和怀疑的心态，带着自身的脆弱性，来加入这个历程。我们没有得出问题的答案。虽经许多努力，混淆和模糊依然存在——当然，这部分原因是我们自己无知，但部分原因可能还由于我们有所领悟的经历，其核心刚好属于永恒的奥秘。

第一部分　学会观察

| 第1章 |

安魂人类

2000年11月

我们四人围坐在马萨诸塞州剑桥奥托家的书房里。外面下着小雪，窗下摆着一盆鲜艳的圣诞红，墙上贴满了图画，有好几张上面都画着大U字形。房间四周整齐地摆放着书本，还有一台电脑在房间的一角发出轻轻的运转声。

*　　*　　*

“奥托说《侏罗纪公园》电影脚本的写作就是在这个房间里完成的。现在我们在这里谈论这些话题，这不禁让我感到很有讽刺意味。”贝蒂·苏说道，“我们现在坐在这间‘恐龙屋’里，讨论现实世界里噩梦般的情境：受到破坏的环境，越来越大的社会贫富差距，生物技术的潜在危险，还有世界各地不断升级的暴力冲突。”

“我们谈论恐龙的方式很有讽刺意味，不是吗？”彼得说道，“如果一个组织反应迟钝，无法调整状态以适应变化，那我们就说它‘很像恐龙’。但大家知道，恐龙在地球上生存的时间，比人类迄今为止的全部历史要长100多倍。未来不管是什么生物取代我们人类，也都会认为反应迟钝的组织‘很像人类——人类很不幸，因为他们没有恐龙那样的适应能力’！”

贝蒂·苏不禁为之一震：“用这种过去时语气谈论人类，很让人害怕。我想我们都知道，我们有毁灭自己的方法，所以我们可能真会那么做。不可想象的事是有可能发生的，但这还是很难去想象。诗人奥登说过：‘我们必须相互友爱，不然就得灭亡。’没有人觉得我们现在已经接近于相互友爱了，但我们也似乎并不愿意考虑不这样做的后果。”

“这正是我们无法改进的原因。”彼得接着说，“上星期我在一个商业与环境保护会议上演讲，住在我20年前就曾住过的会议中心。这个会议中心每年都承办一次高规格的会议，会上还颁发著名的环境可持续发展大奖。你可能会想，那一定是环境友好型习惯和做法的展示场所。但我可以肯定，那里现在每天人均废弃物的产生量比20年前还要多。

“从咖啡到糖，再到洗发液，不管是什么东西，都有单独的包装，最后都会被扔掉。房间的内饰材料并不比20年前更环保：木料不是来自可持续发展的林场，塑料和其他材料都不能回收再利用，所有电器设备都不能回收再制造。我跟他们要一间能打开窗户透气的房间，他们回答说没有，因为所有房间都装了中央空调。空调用电的主要来源无疑是烧煤或其他化石燃料的电厂，这在制冷的同时也在使地球气候变暖。我还看见那种单独包装的小块香皂，它们似乎就是这里整个现状的缩影。

“这些香皂最后会浪费掉90%——都是完全没有必要的浪费。换成液态香皂很容易，这样就可以装在皂液器里使用，几乎没有一点儿浪费。现在还有可生物降解的液态香皂，其中一种是由瑞典斯堪的克酒店参股的某家厂商制造的。斯堪的克能从一家财务状况很差的平庸酒店变成瑞典最成功的连锁酒店，原因之一就是坚持‘可持续酒店客房’的经营理念。所以，人们没有理由认为，力行环保会阻碍商业上的成功——至少在瑞典不会这样。

“结果我就站在那儿，看着那块儿香皂，听着房间里的空调声，越来越气愤。瑞典那家连锁酒店几年内就学会的事，为什么美国的这家会议中心20年都学不会？为什么我们还不厌其烦地在这里召开有关环境友好型商业案例的大会？后来我看到，房间里唯一有环保意识的东西是一张卡片，上面写着：‘为了保护环境，我们不收到您的请求，就不会换洗床单。’饶了我吧！花了20年时间，他们就学会了这个！你不求他们，他们就不换洗你的床单！”

“我们都理解你感受到的那种失望和气馁，”贝蒂·苏说，“至少我理解你。但你是否觉得，我们回避这些问题，是因为我们不想让自己产生灰心丧气的情绪？”

“不完全是。”彼得停顿了一下，继续说道，“我今早打坐时感到很难受，烦躁不安。打坐有时就会这样。我似乎体会到一种非同寻常的恐惧感。就只是一种恐惧感，没有具体的想法或联想。

“除非像今天早晨那样突然出现，否则我还意识不到，这种恐惧感其实可能比我平时愿意感到的要强。我在那家酒店里的愤怒情绪，也来自这种深层的恐惧感。环境危机很久以前就出现了，我们的改变却这么少，而我们其实是有需要也有能力去实现更大变革的。

“假如想要有不同的未来，那我们就必须大大超越这些零敲碎打的做作表演，并开始观察我们身处其中的系统——至于我们有没有能力做到这一点，我心存疑虑。问题不在于你是否要更换床单，而在于你是否该转换生活方式。但这个问题却会触发巨大的恐惧感。我认为这就是我们宁可不去想、不愿去谈论它的原因之一。”

约瑟夫坐直身子：“但这不正是我们坐在这里谈话的原因吗？我们聚在一起，不正是要回答这些根本性的问题吗？比如，我们为什么不变革？要改变这一切，我们究竟需要什么？”

“我们不改变，是因为我们觉得我们都能长生不老。”奥托以无可辩驳的语气说道，“就像少年一样，我们也许有恐惧感，但仍然觉得一定会永远活下去。”

“也许是吧。”约瑟夫摇着头说，“我最近读到一篇文章，在基金会的圈子里广泛流传。作者叫杰克·迈尔斯（Jack Miles），是保罗·盖蒂信托基金（J. Paul Getty Trust）的国际顾问。文章题目叫《地球安魂曲》（*Global Requiem*），[1]它对这个问题做了猜测：我们感到人类可能无法解决这些问题，无法开创可持续的社会，因此人类可能会灭亡。这是对不可想象的可能情景的探究。”

“但那种假想情景，不正是要触发彼得所说的恐惧感吗？”奥托问道，“就像他说的，这类恐惧感通常会让人拒绝承认现实，或感到绝望。”

“但也不一定是这样。”约瑟夫回应道，“我就遇到过许多不同的案例。想象各种不同的未来情景的可能性，甚至是消极负面的情景，实际上却解放了大家的思想。”

“情景设想可以改变人的意识。”贝蒂·苏说，“如果使用得巧妙得当，情景设想能让人真正开始考虑自己原本忽略或否认的未来可能性。关键是不要认为不同的情景设想是不可避免、必将发生的，而是要把它们当成几种现实的可能性。

“当人们真正相信我们可能正在走向毁灭的时候，我们也许就会一起做些事，就像大家意识到自己其实真的会死之后，而从个人角度去做的事一样——我们会忽然之间把自己的生活看得很开、很清晰。”

“如果我们真能共同面对我们人类这个物种的灭亡，坦率地把恐惧的情绪真实表达出来，而不是加以掩饰和回避，也许有些事就会改变。”彼得说道。

“几年以前，在我们的领导力研习班上，有一位在世界银行工作的牙买加人，名叫弗雷德。他讲了一个故事，让大家深受感动。在那之前几年，医生诊断他得了一种绝症，而他到好几位医生那里去复查的结果也都一样。于是他也像其他身患绝症的病人那样，在好几个星期里一直拒绝承认这一现实。后来在朋友们的帮助下，他逐渐开始面对现实——现实就是，他只剩下几个月的时间了。‘然后却发生了不可思议的事。’他跟大家说，‘我完全停止了一切不必要的活动，放弃了所有无关要紧的事。我曾一直想做青少年的教育工作，于是就开始做这方面的项目。我不再和母亲吵架了。我以前对有些事会很恼怒，比如别人开车在前面乱跑、挡我的车道，但现在我不再恼怒了——我没有时间再在这些事上浪费精力了。'

"后来，一位女士走进了弗雷德的生活，她认为弗雷德应该再找不同的专家诊断病情。他们开始了一段美丽的恋爱。弗雷德就又看了不同的医生，并很快接到了医生的电话，说'我们有不一样的诊断'，即他患了一种可以治疗的少见的病症。故事接下来的进展令我非常难忘。弗雷德说：'我接到这个电话时，就像孩子一样号啕大哭起来——我害怕我的生活会回到过去的老样子。'

"弗雷德的觉醒靠的是一种情景设想，他的生活转变靠的是震撼和打击。也许对我们所有人都一样。所有在地球上生活的人，都需要这种情景的震动。我们需要的也许就是一种'安魂的情景设想'。"

随后是一段静默。

"也许，"约瑟夫轻声说道，"说了这么多话，做了这么多事，而真正有效的变革，恐怕只在人心的转变。"

| 第 2 章 |

观察我们的观察

在电影《楚门的世界》(*The Truman Show*)里，演员金·凯瑞(Jim Carey)饰演的楚门，是一名拥有数百万忠实观众的电视长剧的主角。而楚门自己却不知道自己的演员身份，他感受到的只是自己平实的生活。故事的中间部分，记者采访了一手操控楚门生活、俨然扮演上帝的角色、由埃德·哈里斯(Ed Harris)饰演的“导演”。这位导演决定每一周的故事情节，天气是晴还是雨，楚门是否会遇到麻烦，等等。一位记者问导演：“楚门从来都不知道他的生活只不过是一部电视剧，你怎么看这件事？”导演回答道：“我们都会接受我们眼前呈现的现实。”

和楚门一样，我们也认为我们的知觉所呈现的当下，就是直接无误的真实情况：一张桌子、一本书、一句话、一个字。但我们能“看到”的，只是现实存在的很小一部分。[1]一张桌子里，蕴含着工厂和工人、树木、森林、水、土壤，以及云彩和雷雨。其实一本书也包含所有这些。让我们感动的简单的话语和词汇，往往蕴含着整个生命历程，包括学校和老师、一生的疑问和梦想，以及现实中的问题和可能性。哪怕只是短暂的停歇，我们也能初步体会各种活动和经历的人生交响乐，包含过去和现在，都一起呈现在每个当下时刻的意识里。然而在这部人生交响乐里，我们却常常只听到一两个音符，而且往往是我们最熟悉的音符。

把我们的日常意识作为“理所当然”的真实存在，这绝非“仅是哲学的问题”——在考虑我们周围世界的变化时，尤为如此。

20世纪80年代初，美国汽车公司的高管们开始经常到日本考察，想发现日本公司的业绩为什么比美国公司的好。一位底特律高管结束访问后曾与彼得交谈。彼得发现，日本之行并没有给他留下什么关于竞争对手的深刻印象。“他们没有给我们看真正的工厂。”那位高管说。

“为什么你这么说？”彼得问他。

“因为那里没有库存。我这辈子看到的组装工厂太多了，那些日本工厂不是真的，那都是为了对付我们的考察而临时搭台表演的。”

令人难堪的是，这个认知的谬误没过几年就暴露无遗。这些高管们看到的是完全不同的生产系统，即“准时化”(just-in-time) 生产系统。他们并没有做好准备，去观察日本同行呈现给他们的东西；他们没有做好准备，去观察没有大堆大堆库存的组装线。[2]他们能看到的，被他们现有的认知所局限。他们没有用新鲜眼光去观察事物的容纳力。

我们很容易展示后见之明，把底特律高管们的“观察”能力问题看成特别案例，而不去深究。其实这种观察问题非常普遍。大多数变革计划最终毫无收获，都不是因为没有崇高的目标、丰富的想象力和宏大的愿景，而是因为人们无法看清自己所面对的现实。与此类似，《财富》500强企业无法在几届管理层更替后存活，并非由于资源匮乏，而是因为他们无法“看清”现实中的威胁，并完成必要的变革。“总是有大量的威胁信号出现，而且也有许多人注意到它，”阿里·德赫斯说，“然而它遇到了组织免疫系统对陌生信号的封杀反应，无法被人们接受。”

悬挂观点的容纳力

要用新鲜的视角观察事物，必须先放下我们习以为常的思考方法和理解方式。认知科学家弗朗西斯科·瓦莱拉（Francisco Varela）认为，要培养这种放下自己习惯的能力，就必须“悬挂观点、摆脱我们习惯的（思考）流程”。瓦莱拉把提高思想意识的首要“动作”称为“悬挂”观点。著名物理学家戴维·波姆（Daivd Bohm）曾指出：“通常情况下是我们的思想在控制着我们，而不是我们在控制自己的思想。”[3]悬挂观点不是要丢弃或摧毁我们现有的观察现实的心智模式——即使我们想这样也做不到。悬挂观点反而要像波姆说的那样，“把假设悬挂在我们面前”。[4]这样做就能让我们注意到，其实我们的思维和心智模式，都是自己心识的作用。一旦我们察觉到自己的思维模式，它就不能那么严密地限制和束缚我们的观察活动了。悬挂观点可让我们“观察我们的观察”。

有时从物理的角度理解悬挂，会比在抽象概念上理解要容易一些。一个很简单的练习是：坐在椅子上双手握住椅子边缘，要用力握紧，这时可以想象：重力消失了，假如你放手，就会飘浮升空，脱离椅子。注意你在紧握椅子边缘时你的身体的感觉：不仅双臂紧绷，肩膀、后背、腹部和颈部也绷着劲儿。现在把手松开，感觉所有部位的肌肉放松的状态。与此类似，我们的思想往往也和身体的肌肉一样绷着劲儿，执着而不放松。悬挂就是要松开紧绷的状态，只注意现在的思绪，好比注意你坐着的椅子。你的思绪可能不会马上消失，但你不再花那么大的精力执着于其中，不再陷于紧绷的状态了。

开始培养这种悬挂能力时，我们几乎马上会遇到“内心的恐惧、指责和唠叨的声音”——迈克尔·瑞（Michael Ray）把这叫作“判决的声音”。瑞是斯坦福商学院人气很高的创造力课程的设计者。[5]他有三个假设：(1) 创造力“对健康、幸福感和所有领域的成就，包括职业生涯的成功，都是必不可少的要素”。(2)“创造力是我们每个人固有的”。(3) 尽管是我们天生固有的，它却“被判决的声音覆盖了”。[6]

瑞接受奥托和约瑟夫采访时，讲述了霍华德·加德纳（Howard Gardner）在哈佛大学的零点计划研究。零点方案研究的是婴儿智力测试方法，也测试了年龄大一些的对象。研究人员发现，几乎所有4岁以下的小孩都有天才水平的智力，包括加德纳所说的多元智力：空间、肢体运动、音乐、人际关系、数理、自省和语言等方面。而到20岁时，在天才水平的就只剩下10%了；过了20岁，天才就只有2%了。[7]

“大家于是问：‘智力都跑到哪里去了？’没到哪里去，只是被判决的声音覆盖了。”瑞解释道，“我们试图做的，就是建立一种环境氛围，让大家击败判决的声音，找回自己深层的创造力。”瑞认为，人们能够持续地激活生活中的创造力，方法就是“关照它”，开发容纳力，悬挂心中限制自己创造力的判决声音（如“这个想法很蠢”“不能这么做”）。

在实践中，要做到悬挂就需要耐心，需要我们主动避免对观察对象强加上自己先入为主的心智模式或思维框架。如果我们能够只观察，不下结论，不去想我们观察到的东西意味着什么，允许自己接受看似无关的、零散的信息，那么我们对观察现实的新鲜的理解，就会逐步呈现出来。例如，经济学家布赖恩·阿瑟和社会学家杰弗里·麦克尼考（Geoffrey McNicoll）曾于1970年在孟加拉国合作，他们花了数月时间观察、收集信息，却“什么都没做”。那时候，西方的经济学家和组织，如世界银行，普遍都在分析像孟加拉国这样的发展中国家的需求，而且它们使用的都是未经认真验证和质疑的传统经济学模型。后来，阿瑟和麦克尼考提出了新的理念，重新解释了阿瑟所说的“整体目标和结构”的运行。他们阐释了家庭成员多、没有土地等情况如何随着时间推移在不断加剧，而国际救援组织标准的“创可贴”（Band-Aid）救急方法，又是如何只起到“支撑现状”的作用。他们的观察是新鲜的，他们的文章帮助这些组织把注意力转到根本的社会经济状况上，而不是执着在标准的经济发展指标上。[8]

一起悬挂观点

判决的声音除了会束缚个人，也同样会扼杀集体的创造力，我们通常称之为“趋同思维”，即持续不断的潜意识的审查，它破坏着团队的真心和正直态度。这种集体的判决声音，会让大家在遇到可讲和不可讲的话、能做和不能做的事，甚至该想和不该想的问题时，受到束缚。它的影响往往只有在事后才变得清晰起来。艾伦·韦伯（Alan Webber）和比尔·泰勒（Bill Taylor）于1995年一起离开了《哈佛商业评论》，并共同创办了《快公司》（*Fast Company*）杂志，对此他们有第一手的经验。

“还清楚地记得我离开《哈佛商业评论》时感到的解脱和自由。”韦伯对约瑟夫和奥托说，“一夜之间我就开始接触全新的人群，交往的基础也完全不一样了：‘你做的事有哪些是有趣的？你是谁？做事情的感觉如何？’我开始用新鲜的眼光看世界。我快速学习着，到了以前不会去的许多地方，见到以前不会见的很多人，就像逃出了一座四面高墙的围城。”

后来证明，韦伯用“新鲜的眼光”看到了其他商业出版者忽略的东西：在不到5年的时间里，《快公司》的发行量就与《财富》旗鼓相当了。

集体的判决声音本身并没有错，至少它不比个人的内心审查和批判声音坏到哪里去。用社会心理学家的术语说，集体天生具有强制性：要有共同的习俗、共同的思考方式和观察方法，这样集体行动才能有效。但和个人的内心审查一样，集体判决的声音如果得不到有意识的检查，也会造成问题。健康与不健康的集体或组织的区别，就在于其成员在多大程度上有意识和能力去承认必须顺从来自集体的压力。提高意识水平，不是要寻找并摧毁我们内心的恐惧和判决的声音，而只需要培养辨别和认识它的能力。

不管是悬挂个人的假设还是集体的假设，说起来都容易，做起来却都很难。对组织来说，挑战最先来源于许多人都经受的“必须保持疯狂节奏”的工作压力。管理层往往不知道怎么停住脚步，也不知道怎么把悬挂观点的方法融入组织共同的日常工作中。但只要大家学会如何停住脚步，并检查自己的假设，就可能实现突破。

麻省理工学院“深度会谈项目”（Dialogue Project）的创始人威廉·艾萨克（William Isaacs）认为，改变工作团队的交谈质量的时机，往往出现于大家意见不一致，需要决定是否坚持自己观点的时候。[9]这时，大多数人都只能看到两种选择：要么为自己的思考方式做辩护，要么回避问题，保持沉默。艾萨克指出了第三种选择，即悬挂自己的观点。要采取这个选择，就要学会如何展示自己的观点，以及进一步探寻自己的观点，但却不是为之辩护。比如，与其沉默不语回避问题，或者与其指出对方观点的谬误，你完全可以说：“我的看法有所不同，我的观点是……我这么看问题的原因是……是什么原因使你有不同的看法？”你的问题形式如何并不重要，重要的是你的诚意。

假如你问这个问题时心不诚，就会起反效果。这样坦诚地悬挂自己的观点，哪怕只有一个人，也往往能够引起集体交谈的转变，减弱集体的判决声音，并让以前无人察觉的新的可能性呈现出来。[10]

建设容器

集体悬挂并探寻既有观点所面临的挑战，还包括职场中普遍存在的缺乏安全感和信任感的状况。许多人都知道缺乏诚信的问题，但诚信并不是靠颁布法令建立的。试图让大家相互信任的努力，往往会令人更加关注现有的缺乏互信的状态，从而产生反效果。

20世纪90年代初，美国钢铁工人联合会13分会（United Steelworkers of America Local 13）会长约翰·科特雷尔（John Cottrell）在密苏里州的堪萨斯城参与建立了一个项目，目的是帮助公司管理团队和工会所选出的领导层共同学习如何一起交流对话。在过去的会议上，这些人曾经相互摔椅子。根据一位工会元老的回忆，他们之间“在两三代人的时间里都从未真正沟通过”。从未经历过公司高管与工会之间糟糕关系的人，无法理解那里的情况会坏到什么程度——真的是一塌糊涂。

9个月内，奇迹发生了。艾萨克和他的麻省理工学院“深度会谈项目”同事分别为双方的团队主持了研讨会，让他们学会了深度会谈的基本方法。然后，两个团队开始了共同研习。经过少数几次共同演练，联合团队就开始展现出了针对难题进行“真正沟通”的能力。后来，工厂里出现了实际的效果：事故率和旷工率大幅降低，生产效率大幅提升。积压的申诉案例的数量也从485起降到了零。工会和公司高管还开始共同着手解决深层系统性问题，而这些问题已经被忽视了几十年。[11]

这段经历对各方参与者个人的影响也同样强烈而深刻。“我平生头一次真正思考问题。”一名工人说。“我第一次倾听我太太的声音。”另一位补充说。这种转变是如何发生的呢?

科特雷尔用“熔化的钢水”的比喻解释了这个问题:“我们使用的能量足以杀死人,而我们行业的核心技术就在于能够承载这些能量。假如我们做不到这一点,就可能要死人。对人来说道理也一样,我们有能力产生足以相互毁灭的能量,问题在于我们是否能承载这些能量,或者说,我们是否会被它毁灭。就像用钢水锅盛装熔化的钢水一样,深度会谈建立了盛装大家的能量的容器,使大家的能量发挥出转化力,而不是破坏力。”[12]

一些有关转化力的最古老的理论,与上文中钢水的比喻有惊人的相似之处。在古代,炼金术士想尽办法把普通金属转化成黄金,因而留下了关于制作容器的大量文献。瑞士精神分析学家荣格则认为,这些文献中的描述除了涉及物质转化过程以外,也同样涉及心理和精神的转化。对古代炼金术士来说,转化过程要求在封闭的透明容器里装有各种元素,这些元素在精心控制的火候条件下,发生相互作用。

转化过程需要承载容器,这也是自然界的法则。和炼金术士的容器类似,蚕茧内部也有个“熔化”过程,把原来的一种东西转变为新的东西。新生命的孕育往往需要特殊的“容器”,因为现有的系统对“另一个”“外来的”“异类”生命,会天然地产生敌意。成年人体内的化学环境通常对胎儿是有毒的,与此类似,组织的主流文化对孕育其中的创新者也往往是不利的。当组织的免疫系统启动时,创新者往往就会感觉孤立无援、受到排挤,或者陷入更糟糕的境况。[13]

我们甚至还会在自己的学习实践中碰到这种情况。学习新东西的时候，我们总会觉得自己既别扭又笨拙，无力胜任，甚至荒唐可笑。过不了多久，我们就会认为掌握新事物并不重要，于是就放弃了。这正是我们自己的心理“免疫系统”在起作用。生命系统对新事物的天然“偏见”，说明悬挂观点可能会很冒险。

采用新视角的勇气

悬挂已有视角的容纳力，对所有重要的科学发现都是必不可少的。探索发现者，比如成功的组织中的创新者，会发觉自己的境遇往往由此变得更艰难了，其原因也在于对悬挂的偏见反应。

布赖恩·阿瑟对社会“网络经济”和“规模正回报”原理的洞见使他名声远扬。他的洞悉源于他对诺贝尔化学奖得主普利高津（Ilya Prigogine）关于“正反馈”的论文的研究。“普利高津阐述了自组织结构在各种场合的生成过程，从白蚁筑巢到语言习惯的形成。”阿瑟解释说，“世界上讲英语的人越多，学英语的优势就越大。所以，有优势的东西总是会得到更多的优势。我意识到，这个道理对经济学也同样重要。”

阿瑟后来发现，小规模事件可能会把经济封闭在不同的结构中。然而这就意味着，我们现在经济的组织模式，比如资本主义或其他模式，并不一定会在各种可能性中自动达到最佳结果。阿瑟的这个想法让他遇到了麻烦。

“当时是里根和撒切尔时代，世界处于冷战之中。这些想法威胁到了200年来建立起的整个资本主义大厦。”阿瑟说，“我的观点是不能再用统计的方法研究经济了。我还讲到，现行经济中的成就，包括我们使用的技术、主导经济的公司、成形的法律和金融体系，并不一定是在所有可能性中最好的选择。市场并非完美无瑕，自由经济也不是十全十美。小规模事件可能累积而变成潮流，最终产生拙劣的常规做法。我发表这种观点时就预感到会有严重的后果，只是当时还不晓得到底有多严重。”

阿瑟犹豫了两年，才最终在1982年把这些想法写成文章，但却找不到愿意发表此文章的地方。直到6年以后，这篇有关规模正回报的文章才在一流经济学杂志上发表。阿瑟在经济学学术生涯的前10年发表了许多文章，并获得了斯坦福大学的教授职位。而在第二个10年中，他却只发表了一篇文章，而且这篇文章“引起的麻烦”最终迫使他离开了斯坦福大学。后来，诺贝尔经济学奖得主肯尼斯·阿罗（Kenneth Arrow）、物理学奖得主默里·盖耳曼（Murray Gell-Mann）与菲利普·安德森（Philip W. Anderson）共同创建了研究非线性系统和复杂理论的著名智库圣菲研究所，[14]阿瑟成了创始人之一。除了上述“麻烦”，阿瑟在多年间经受的误解和冷落，也是他用不同视角观察问题所付出的一部分代价。

悬挂观点的内功

一旦认识到悬挂观点的风险，我们就不仅能理解它所要求的勇气，还会明白它对个人修炼的要求。“个人修炼”是指培养觉察自己思维方式的能力，这包括如“我在这儿，你在那儿”的习惯思维方法，也包括我们察觉不到的、潜移默化的思想习惯。西方、东方和土著传统中有无数冥想和沉思的方法，可以帮助我们安静下来，并逐步建立察觉自己“思想流”的能力。选择何种具体方法关系并不大，重要的是激发我们的意愿，把修身作为自己生活的核心内容。

阿瑟把经济系统看成生成性系统之后，他还开始向一位中国道教的师父学习修炼。当阿瑟感觉自己一些隐藏最深的未经检验的假设突然暴露出来并受到质疑的时候，他就马上开始了修身实践。某次周末研习班结束后，他受邀参加晚宴，师父当时也在场。“我当时就想：‘能和这位道教高人共进晚餐，我得问他点儿问题。’”阿瑟回忆道，“于是我就使劲儿想我到底该问什么问题，因为我有一种强烈的感觉，即如果我能提出一个真正的问题，我就会得到一个真正的解答。”绞尽脑汁以后，他脱口而出问了个直白的问题：“如果全身心投入修炼中，我能得到什么？”

师父放下筷子，看着阿瑟说：“你会多活20~30年，能多工作20~30年，并且最后会成为一名杰出的教授。”

然后他又补充道：“假如这些就是你想要的全部。”

阿瑟被“激怒了、侮辱了、吸引了，受到了精神鞭挞和挑战。我可能得花一辈子去追求他斥为‘假如这些就是你想要的全部’的东西”。阿瑟很快就开始接受这位师父的指导，后来还专门搬到香港，以便能每天和师父在一起。

阿瑟最初和那位道教师父的交谈，揭示了一个道理，即悬挂观点往往以“止”为契机，比如突然被叫起，或在毫无准备的情况下被揪住。晚宴上，老师的话使阿瑟惊愕和震撼。恐惧和不舒服的感受可能会让他放弃那次机会，不去问自己“这些真的是我想要的全部吗”。但是在那个时刻，他惯常的思想流被截断了，因而他辨认出一个新起点，引向后来对他有深刻意义的征途，即获取观察能力的学习之旅。要开启这样的旅途并坚持走下来，就要情愿经历许多这类“深刻的迷茫”的考验时刻，不断打破我们最执着的、最习以为常的看待世界的观点和方法。

整合内功

我们谈论安魂人类情景设想的那天，约瑟夫和奥托在下午很晚的时候，讲述了阿瑟的这段故事。

“你知道吗，令人吃惊的是，阿瑟是第一次把这段故事和盘托出。”约瑟夫说，“在做经济学前沿研究的过程中，他的整个世界观都在发生深刻的转变。然而，其他人还是把阿瑟看成经济学家。和他交流时间长了，我们才了解到，内心的修炼极大地影响了他经济学观点的演进，还特别影响了他对企业领导者必须学会的东西的思考。然而，他的著作中完全没有涉及他的个人经历与专业发展的联系。就连他自己，其实都是最近才开始谈论这件事的。这很有意思，特别是因为他也认为自己和那位道教师父的会面是‘一生中的核心事件’。”

“这个问题可以这样看，”奥托说，“假设正统经济学界对正增长回报这类激进的新观点的容忍度是零，那么它对阿瑟学道的容忍度可能就是负200，会跑到图表外面去。托马斯·库恩（Thomas Kuhn）对科学革命的研究报告指出，用较好的新观点和论证去说服旧科学范式的维护者，去转变这些人，是根本行不通的。现实的情况是必须等到旧学者最终退出舞台，新一代更开放的学者取而代之，才会发生转变。

“同样的事不仅发生在阿瑟身上。我们采访的许多科学家都投身到非常严肃的精神修炼当中，并将其看作自己学术活动的组成部分。对我来说，内功和外功的这种联系，是我们采访的重要发现之一。但是，谈论这种联系会让大多数人没有安全感，虽然这些人里面有的已经实现了内外功的某种整合，尽管如此，他们仍然会觉得不安全。”

“我们很容易理解和同情他们的境遇。”贝蒂·苏说，“目前的文化，基本不允许我们谈论精神追求与职业生涯之间的联系。这是个悲剧。它妨碍像阿瑟这样的学者去分享自己的全部智慧，他们经历的创造过程被掩盖和模糊化，后人再也无法接近这些原始的创造性工作了。”

“这是否也揭示了为什么悬挂观点不管对个人还是集体而言，都如此困难？”彼得问道，“当我们真正悬挂起习以为常的世界观时，就会察觉让自己迷茫、困惑和不安的现实，从而引起恐惧和愤怒等情绪，却又无法把这些情绪与新的现实区分开来。我们避免这些情绪的意图有多强，回避悬挂观点的努力就会有多强。对所有人来说，在何种程度上不能探讨这个问题，就决定其会局限到何种程度。我们都知道，团队成员如果说不出自己真正的情感状态，就会限制团队的战略思考，因为情感与认知是紧密联系的。这种情况也适用于更大的范围。”

“彼得，你虽然没明说，但我可以想象，当你讲到那个商业环保会议的时候，你要努力控制自己，才不至于显露出你对整个状况的愤怒情绪。”

“我仿佛无法表达我当时的感受。”彼得表示赞同，“那天晚上演讲的时候，我把自己看到的开发真正可持续商业行为的实际状况，努力用直白的语言做了描述。但我并没有坦率表露我的情绪，甚至连我自己也没有发现我的真实情绪——我只觉得当时很恼火。两天以后我才终于看清，这种恼火来源于深层的恐惧感。”

“但还剩下一个问题。”奥托补充道，“彼得的经历好像并没有赋予他能量。他是直接遇到了大系统的问题，而不是间接进行理论分析。我感觉这个经历并没有改变他对产生变革的可能性的把握，观点悬挂一般也不会改变人们在这方面的能力。在真正悬挂观点的时刻，像彼得经历的那样，大家更容易感到困惑不安，而不会觉得增加了力量。”

“没错，我当时的第一感觉就是我更像个受害者，看不到任何改变系统的方法，觉得完全被困其中。我认为，当人们刚开始认识到系统的问题时，这会成为普遍的感受。”

奥托说：“在我看来，这是因为对更大系统或更大模式作用的察觉，还只是个开端。就好像我们刚被叫醒，对周围发生已久的事还一无所知；在潜意识里，我们可能还很不愿醒来，不愿面对周围的现实。但随后，我们突然看到了这更大的系统模式，于是我们感叹：‘原来如此！’通过悬挂惯常的逻辑分析方法，我们直面系统的现实，但它在此阶段还只是‘外部’问题，是与我们分离的现状。所以我认为，观察我们的观察，还只是个开端。”

| 第3章 |

从整体观察

为获得给人以力量的整体意识，“观察者”和“观察对象”的关系需要发生根本的转变。我们原本习以为常的主客体分离的基本观念，即观察者可以超脱地旁观“外部世界”的观点一旦淡化，取而代之的就是从对象“内部”进行观察的观念。要学会观察，就必须先停止使用我们习惯的假设，并用新鲜的视角看问题，然后才能进一步看清自己与现实中观察对象的联系。

马丁·布伯（Martin Buber）把这个转变形象地描述为从“我与它”到“我与你”的关系。在前一种情况下，我们把所见的一切当作“它”，当作外部客体，是与作为主体的“我”相分离的，不管“它”是桌子还是人，实际上都没有区别，一视同“它”。而在后一种“我与你”的关系里，我们意识里出现的是整体，而且与我们自身有密切的关联。例如：

> 假如我面对的人是我的“你”……不是许多东西里的一个东西，也不是由东西组成的。
>
> 因此，一个人不是与别的“他”或“她”分离的“他”或“她”，不是在世界网络中的某个特定时空点，也不是像一组松散组合的名称或特性那样的被体验和描述的自然存在。而自身作为整体的、没有邻居的他，即是“你”，是充满所有天界空间的你。
>
> 就像乐曲不是由音符组成的，诗歌也并不是由词汇构成的，人像也并不是由线条组成的；但它们又必须被拖曳搬运，于是整体就变成了许多分散的碎片。对我口中的“你”也是如此。我可以说出他头发的颜色，他的言谈举止，或他的君子作风；我必须一次次不停地这样做。但每一次，他都不再是“你”了。[1]

“从整体观察”的关键不仅在于开发我们悬挂假设的能力，更在于发展“再引导”我们意识的能力，即把意识引向我们所看到的现象的背后，引向现象背后的生成和创造过程。

再引导：观察生成过程

奥托到巴黎高等理工学院（Ecole Polytechnique）[2]采访认知科学家瓦莱拉时，瓦莱拉把再引导描述为“将注意力集中于源头而不是客体”。如果说悬挂观点是提高思想意识水平的第一项“基本动作”，那么“再引导”就是第二项。

“悬挂很有趣，许多人悬挂观点时好像什么事都没发生，”瓦莱拉说，“因此，大多数人会说：‘内观反思这一套根本不管用。我内观反思了，可是什么都没发现。’一开始的确什么都没有，因为整个过程的目的，就是在悬挂观点以后，忍耐住什么都没有的状态。‘守住’这个状态是关键，因为悬挂状态就会引发再引导。悬挂会让你看见生成中的事件及其内涵和模式等，然后你就可以再引导你的注意力，在现实中去关注这些生成中的事物，由此才会有新发现。”

将注意力再引导到“源头”，就包括移情作用和同理心，但又不能仅止于此。突破主体与客体之间的界限，不仅会产生深层的连通感，而且会提高对变化的敏感度。原来看似固定不变甚至僵硬不动的东西，也开始显现其动态机制，这是因为我们能感知到现状的生成过程，包括我们自己在这一过程中的作用。这种转变很难抽象解释，但它发生时会非常真实而有震撼力。

丹尼尔·金（Daniel Kim）在麻省理工学院读博士时，花了几年时间参与一个工程项目。他用系统思考、心智模式和其他组织学习工具来改善一个新车型开发团队的成本和时间控制效率。[3]这个五年项目的预算超过10亿美元，有1 000名全职工程师参与，分成十几个专业子项目团队，分别负责产品各个方面的研发工作。其间，由好几个子项目团队组成的一个工作组画出了“因果环路图”，又叫系统图，[4]试图理解是什么东西妨碍了工程师团队一起有效工作，并影响他们在时间进度控制方面达到预期目标。

通过对自己画的系统图进行分析，他们逐步看清了一个模式。

当某个子项目团队遇到棘手的设计问题时，往往要做出选择：要么用快速补救的方法，要么寻找问题的根源。团队往往可以自行采取快速补救方法，而寻找问题的根源则要求不同团队之间的协作。但是，每个人都有很大的时间压力，所以快速补救方法就成了常规方法。不幸的是，这往往给别的团队带来预想不到的副作用。例如，NVH（噪声、振动和声振粗糙度）工程师通过增加结构附件解决振动问题的同时，却给底盘工程师团队带来了新问题，因为后者负责考虑整车的重量问题。底盘工程师对NVH工程师很恼火，于是他们也采用了快速补救方法，即从别的地方减去一些重量，并提高了轮胎的承重压力，以稳定行车状态，解决重量问题。这样做的结果却使NVH工程师更恼火，因为给轮胎增加压力又增加了声振粗糙度。这一切都反映在系统图上了，画图的工作组也包括NVH和底盘工程师团队。

于是，工作组研究了系统图，意识到了这个模式：快速补救方法会带来预料之外的副作用，给别的团队带来了新问题，进而导致更多的快速补救方法和更多的副作用。这种情况在各个子项目团队中无处不在，并使互相反感和互不信任情绪弥漫到整个项目中。大家都觉得被困其中。他们没有时间协作，而不协作又意味着他们会离时间进度控制的目标越来越远。还有一点也很清楚，就是他们的时间压力有很大一部分都来源于彼此间相互带来的重复工作。

“一时间，房间里开始出现一种明显的变化，”金说道，“仿佛他们突然意识到一些东西，这些东西自己过去似乎都已经知道，但又意识不到自己已经知道。所有细节都那么熟悉——这些问题，这些反应，这些在工作环境中凸显的紧张关系。现在，他们都看到了引起这些问题的系统模式。不能去责怪某一个人，问题是大家共同造成的。每个团队都做了自己觉得该做的事，但是没有人看清大家各自的反应造成了什么样的系统问题：糟糕的技术方案不断产生，压力越来越大，产品开发时间也越拖越长。系统问题的后果逐渐清晰起来以后，一位工作组成员感叹道："天哪，看看我们都对自己做了什么！"

这句感叹中有一个关键词——"我们"。在此之前，每个问题都可以责怪他人：他们的团队、他们的老板、时间太紧，等等。一旦"他们"消失，"我们"出现，大家的思想意识和行动能力就发生变化了。这个新车型开发项目中还有许多类似的觉醒时刻。后来，新的组织心态逐渐形成，大家的工作方式也发生了明显变化。最后，他们提前近一年完成了整个开发项目，并返还了公司拨给他们的6 300万美元的超时经费。通过实打实地画出系统图，大家认识到，自己面对的问题的根源原来就是自己。这时候，大家就能开发出新的容纳力，创造出自己真正想要的成绩。

直面真实的整体

从整体观察的案例很少，原因之一是人们对它的理解还很少。如瓦莱拉所说，再引导的能力，即把注意力转到源头上的能力，要以悬挂观点的能力为基础。只有看清了自己理解现实的习惯方法，人们才有可能真正进入新的意识境界。比如前文提到的产品开发项目团队，就曾花好几个月时间练习悬挂并检视团队成员的假设和“心智模式”。参与练习的还有项目高管，其中一位后来说：“练习时，我们必须先不做老板。我们不再认为自己拥有所有问题的答案。”

奥托曾问物理学家亨利·伯涛夫特：要超越悬挂，获得再引导的能力，都需要做什么？伯涛夫特回答说：“必须提高感知水平，达到‘从整体到局部’的发散性宏观知觉。”他解释说，我们的注意力往往聚焦具体的细节，这是天生的倾向。如果要由此转而试图看清“更大的系统”，我们注意的通常是某个局部如何与其他部分互动，进而推断更大的互动模式会是怎么样的。也就是说，我们会用抽象的理性思维，通过局部来断定整体的状况。而由于断定整体状况很困难，我们往往会放弃，回到仅仅关注局部的状态。但是其实还有另一种方法，那就是在局部中理解整体。

伯涛夫特用歌德研究植物的方式阐释了这种方法。“这需要时间。你必须安静下来。你要观察，要用想象力来注意每个细节，比如一片叶子。歌德把这叫作‘精确的感官想象力’。你在观察一片叶子的时候，要在心里尽量准确地建立起这片叶子的形状。你在心里巡视它的整体形状，注意每一个真实的细节，直到叶子变成你心中的图像。你就这样观察第一片叶子，然后另一片，就这样一片片地观察下去。然后，你会突然感知到一种运动，这时候你看到的不是那片单一的叶子，而是动态的运行整体”，即创造出那片叶子的那个植物生命场。

伯涛夫特描述的经历，类似于感知背后的东西突然呈现在前台的情况。观察对象，如一片叶子，存在于前台，而生成那片叶子的动态生命过程则在后台。对我们来说，生命过程通常并不显而易见，尽管如此，客体（叶子）还是从那个生成力场中生长出来了。两者转换角色的时候，生命过程就出现在前台，于是我们就能“从整体观察”了。在意识里把生命过程转换到前台，就是再引导的精髓。

歌德的许多科学研究活动都在植物学领域。无论到哪里，他都会收集各种植物标本。一次到了意大利，他看到自己熟悉的一种植物，叫作款冬。之前他曾在德国中部和北部及阿尔卑斯山地区花了很长时间研究这种植物。歌德的研究方法很独特，主要就只是坐下来观察和沉思，用自己主动的想象力来消化肉眼观察到的和自己心里看到的东西。以前他从未见过这种植物长在海边，还有穗子，有坚韧的叶子和很粗大的根部，与德国的各个品种都很不一样。他对着这种款冬静

> 思，开始“观察到”一种新的生成性整体，他叫它“原生”植物或原始型植物，其他许多种款冬都从它演化而来。于是，他在笔记本上写道：“从自身衍生出许多种的那一种。”[5]

对前面那个产品开发团队来说，在他们静下来到了一定程度，并开始把紧迫的问题和烦恼的“细节”与自己的行为方式联系起来的时候，再引导就发生了；此时，他们还发现了自己的行为如何给其他子项目团队带来问题、烦恼和沮丧。他们在突然之间看到了“整体”，这其实是他们在无意间制造的恶性循环，即自己破坏自己目标的作用力链条环路。

这种再引导发生的时刻既令人震撼，也能即刻给人以力量：如果“我们”是自己的问题的制造者，那我们也能制造不同的局面。这种对现实背后的生成过程的直接洞悉，伯涛夫特称之为“直面真实的整体”。反过来，如果我们试图通过理性来推断更大的系统，那顶多只能得到概念上的理解——或者用伯涛夫特的话说，得到“假冒的整体”。而当我们直面以本来面目出现的真实的整体时，我们就直面着鲜活的生命，就从被动的观察者转变为主动的参与者。概念上的理解是绝不可能实现这种参与的。

从组织内部观察

在组织里实践从“整体”的观察，似乎是件很困难的事。第一个步骤就要学会关注文化，用真正的好奇心来注意我们生活于其中并扮演角色的文化。研究组织文化的著名学者埃德加·沙因（Edgar

Schein）说："要理解一个组织的文化，只需要去参加他们的办公会。"[6]

都是谁在讲话，谁不讲话？谁的话有人听，谁的话没人听？哪些问题得到正面讨论，哪些被忽略，或只得到旁敲侧击和暗示性评语？这些都给组织的实际运作情况提供了有力的线索。而如果我们能注意我们自己的反应，就会使这些线索更加"真实"。沙因认为，认真的观察和反思性参与，要比阅读组织使命或价值宣言更能让我们了解其文化。

我们都会把自己参与其中的文化内化于自己的身心，否则，文化就不复存在了。只有当我们在每时每刻的生活中都体现出某种文化时，它才真正存在。以严谨的方式应用沙因的理论，我们就能在自己工作和生活其中的组织的内部，开发从整体观察事物的容纳力。比如，你参加一场典型的工作会议，并以通常的方式参与讨论，你就可以学习并关注在会上的"外部"动态，以及你的个人思想和情感动态。会议结束时，回顾一下让你投入情感的一件事。发挥你的想象力，花点儿时间在大脑里重放一遍会议经过，包括你那时的思想感受。把这个经过记录下来，或者和同事交流一下，应该会对你有所帮助。[7]

如果你认真这样做几次，你就能增加不少对自己和对组织的理解。你会了解你在什么地方感觉安全，在什么地方感受到威胁。你会看到，在周围发生的事当中，你会在哪些地方遇到冲突，会在哪些地方遇见盟友。你还会看到，在哪里你会注意力不集中，哪里你会全神贯注。随着反复演练，你便有能力更积极地发挥想象力，"观察"你经历的细节。

然后想象一下，你变成了另一位与会者。这样一来，会有哪些类似、哪些不同之处？重复几次，用这个方法从多位与会者的角度去体验。这样更换角色和视角，表面上好像会让你更多地了解其他人，其实你是在用想象力探索你自己经历中的更深层和更微妙的地方。你无法了解别人实际在经历着什么，除非他告诉你。但你会发现你对别人有什么感受，并可以用同理心来体会，组织的习惯和规范是如何在不同人身上表现出来的。

随着你不断用想象力来回顾不同的工作会议，你会开始感受到组织文化鲜活的生命过程。具体形状和背景过程会发生互换，就像歌德研究的植物。原来在背景——这里是组织文化的生命过程——中的东西，会呈现在你意识的前台，会议的具体细节，则会变成这个生命过程的化身和体现。而且，你也开始体会自己在这个过程中的角色，即自己在“组织文化”的形成和运行过程中所发挥的能动作用。如果你严肃地质问：“在维持这些现有的行为模式的时候，我在做什么——我的行为、思想和感情是什么？”你就会看到你在其中以不同方式发挥的作用，也许还会发现几种新的选择，它们可能会让你发挥不同作用。

再引导的内功

再引导注意力、开发从整体观察事物的能力，与学习悬挂观点所要求的内功一样，也和精神修炼密切相关。比如，许多冥想练习都有一个共同的目的，即开发静心的能力，并突破心物二元分离的窠臼。

乔恩·卡巴津恩（Jon Kabat-Zinn）博士是冥想和疼痛缓解研究的先驱之一。[8]他告诉我们，冥想中要“有意识地完善我们集中注意力的能力。最终它可以关注任何事物，只要有益于我们打开眼界、敞开胸怀而立足世界”。在他的著作中，冥想分为两种基本层面。

第一个层面是集中专注力，止于定境。“开始集中意识的时候，”他解释说，“你很快会发现两个基本要素：一是心如猿猴，似有自己的意志，总好说好动，常游走八方。通过培养专注力，你就能减少焦躁不安和反应式的行为。这就是冥想的‘止定’层面。

“然后，如果你把当下开放、无偏无着的意识带入你所专注的地方，静心观照，你就会在自己的意识场中突破事物的表象，开发出更有穿透性的感知力。这就是‘正念’。正念可让你看清以前看不见的关联，但这种观察结果不能靠蛮力获取，只能在静默中自然出现。”这是第二个层面。

卡巴津恩对冥想中的“止定”和“正念”两个层面的区分，正好与“悬挂”和“再引导”之间的区别相对应。正念特别要探索一种可能性，即突破“我们惯常的、严重受背景条件限制的、使主客体分离和物化的观察方法”。卡巴津恩指出，哪怕只是把某种情况看成“问题”，都会导致我们与其分离疏远，阻碍我们“观察其实际、自然的演进过程”。

卡巴津恩著名的疼痛缓解研究，揭示了这种非主观的并非二元觉知的力量。“我们的病人在做简单的正念痛处的练习时，与自己那个疼痛的关系可能会发生戏剧性的变化。这是因为他们敞开心胸包容了它和它的变化，不再把它当作‘疼痛’，而仅仅当作一种感觉，在意识中允许它作为完整的自身而自然地存在，即使它带来强烈的不悦感受……在思想上不陷入对它的执着，不努力试图让它消失。不去试图解决它，往往会使它逐渐淡化、弱化，这个过程有时还相当显著，并且富有戏剧性。

“总之，如果你觉得你有个‘外部’问题需要解决掉，但又看不到或不想看到试图解决问题的‘你’与实际问题之间可能的关联，那么你可能最终无法准确、完整地观察问题，也会因此在无意中让你把不愿看到的问题维持下去，而不是允许局势自然演化，并且可能自然消失。”

可以说，卡巴津恩的话揭示了再引导过程最重要的结果：当大家开始从生成中的整体观察现实时，就会开始以新的方式行动，并逐步导致问题的“消失”。这样，再引导就超越了“要解决问题”的心态所执着的心物二元论。解决问题的心态往往会强化人们与自己的问题局面的分离状态，所以也经常会发挥维系现状的作用，而不会促成根本转变。解决问题的心态对技术性问题可能很适当，但用到复杂的人类系统问题上就十分可悲、十分不当，因为这些问题往往是从未经检验的假设观念和深层行为习惯中来的。如果大家不去观察自己在这类问题中的角色作用，就很难发生根本的变化。

这也是为什么从集体再引导中产生的巨大变化很难解释清楚，即使在事后也是如此的原因。“我们遇到的重大问题之一，就是很难解释我们的成功。”金所参与的新车型项目的经理如是说，“这看上去是一个无足轻重的问题，但其实不是。我们的老板一直在追问：‘你们是怎么解决这些问题的？’而我们只能说：‘大家只是换一种方式工作，许多问题就自动消失了。’他们觉得这不可信，所以就倾向于漠视大家的成功经历。几百人就这样轻轻松松突然开始观察到不同的现实，突然开始以有益于整体健康的方式行动了？这对他们来说简直就是荒唐，是胡言乱语。”

而这也正是再引导的悖论。你不练就内功，不学会卡巴津恩所说的“以开放的眼界和心胸”观察现实，深层问题就会持续存在，挥之不去。而一旦你开发了悬挂和再引导的能力，它所引发的转变，却又无法对局外人解释。而且，再引导的能力和悬挂观点一样，也会让人感到威胁。卡巴津恩说，要学会容忍“无知的心”和“心归一处静，无所求、无所知”的状态。这是真正的再引导的内功境界，但却几乎与大多数经理人的训练完全相悖。

| 第4章 |
观之以心

2001年2月

两个多月以后，我们四人又在剑桥的枫树街聚会了。我们都知道，约瑟夫刚去过墨西哥的下加利福尼亚半岛，参加了为期两周的野外静修营。但在那里发生了什么，我们却全然不知，也不知道它对我们正在探索的问题会有多重要的意义。我们的问题是：为什么通过观察自己身陷其中的系统，就能给我们力量？我们如何学会从整体观察？

* * *

“你知道吗，”奥托说，“有时候观察更大的模式，的确会给人深层的连通感和力量感。”

“对，我也见到过这种情况，”彼得回应道，“但这并不常见——我见到的这种情况，都是系统就‘在房间里’的时候发生的。现有系统中的角色人物，比如丹尼尔·金参与的产品开发项目系统的各个子团队，都在场一起参与交流。但是，我们如何把这一原则运用于像环境和贫困这样的问题？我们不可能把整个系统的所有角色都请进一个房间里。这些问题太‘巨大’了，大家一想起来就会感到无能为力。”

“是的，但我不能肯定，这与要召集多少人是否直接相关。”贝蒂·苏说，“我觉得对于观察环境这类系统来说，力量的产生要从负责感知的器官或工具中开始。我们想找出问题的根源，不能仅从外部分析这类系统，必须从内部感知来分析。”

“没错，”约瑟夫应和道，“这是在我们的采访中反复出现的情况。在讨论转向从整体内部观察时，大家会使用‘观之以心’（seeing with the heart）这类描述。当然每个人使用的语言各有不同，但所有人的描述中出现的各种比喻却惊人的相似。”

奥托点头同意说：“我记得，阿瑟在谈论创新过程中出现的‘内心的觉知’时，指着自己的心说：‘这种内心的觉知是从这里来的。’伯克利认知科学家埃莉诺·罗施（Eleanor Rosch）则谈到过作为独特认知方法来源的‘内心深处的发源地’。

“我认为，美国心脏数理研究所（Institute of HeartMath）所做的研究工作提供了这方面最有力的证明。他们发现人体内有三个主要神经网络，最大的当然是大脑神经网络，但还有另外两个主要神经元簇，即肠道和心包神经元簇。这样看来，‘心知肚明’的直觉把握和‘胸有成竹’的心底了解与熟通，其实都是有生理基础的，而并非仅是打比方。”

“这明显也与所谓的‘永恒的知识’相符合。”彼得说，“在世界各地的文化中，人们想表达某种深切的看法的时候，都会以手抚心。这种把深层的意义和直觉与心联系在一起的做法，无论是在工业社会、农业社会，还是前农业社会都一样。这甚至在一些最古老的语言里也有所反映：古代汉语的‘心’字，就是心脏的象形图画。‘观之以心’很可能远远不只是比方，而恰恰可能是我们从整体观察而实现意识层次拓展的基本形态。”

“我觉得这正是我这次去下加利福尼亚的收获的精髓。”约瑟夫说道，“我必须先学会从心出发去观察，然后才能完成从整体的观察。我以前从没有像这次这么深刻地体悟这个道理。”

“你这次是去参加了约翰·米尔顿（John Milton）的野外静修营吗？”

“是。阿瑟向我推荐了约翰，并邀请我一同参加。我当时知道我必须去，就把其他事都推开，告诉他‘我去’。约翰人很棒。他是位探险家，在阿拉斯加、加拿大和尼泊尔等地大约12处山峰的人类首次登顶是由他完成的。他还是环境学教授，出版了生态和环境保护方面的多部著作。20世纪60年代初期在华盛顿，作为伍德罗·威尔逊中心的研究员，他参与了最早的土地保护法的部分立法工作，成为美国环保运动的发起人之一。”

“我记得你说过，你感觉可能以后会和布赖恩（阿瑟）共事，于是布赖恩就向你介绍了约翰。这次怎么样？那里都发生了什么事？”奥托问道。

“嗯，我一到那里，就和约翰聊了好几个小时，马上就跟他有了一见如故的感觉。他在父母和祖父母的鼓励下，从7岁开始就进行野外独处训练和愿景探寻。他当时告诉父母，他想去登山，以便‘进入真正的教堂’。其后5年，他在家乡新罕布什尔州北部和缅因州每年至少做一次野外独处训练。15岁那年，他在华盛顿州奥林匹克山脉做了第一次长达一个月的野外独处训练。16岁开始，他就到西方人很少涉足的许多偏远地区进行探险。所以他说，从早年开始，他主要的老师就一直是‘野外大自然和伟大的神灵’。

“20世纪50年代，约翰向许多教授传承的老师学习了深入的知识，包括玛雅萨满教、道教、佛教和太极。30年之后，他开始传授这些知识，以便为野外独处训练做准备。这已形成了他所说的‘神圣的通道’的训练。这些通道，比如布赖恩曾经历的和我后来经历的，都是‘深层生态学’训练的一部分，目的是让人们开始体验自然这个向导。

“我把我们四人的对话告诉了约翰，也向他提出了我心中一直在问的核心问题：我们如何才能转变整体？安魂人类的情景设想会成为真的可能吗？如果会，我们怎样做才能最大限度地避免这种未来情景？

“他沉思片刻后说，他确信，政治、法律和经济的方法都达不到足够的深度，仅靠它们，不足以推动我们需要的人类文化的深刻变革，不能在人类相互之间、人与自然之间，建立真正的和谐与平衡。他跟我说，他坚信下一场‘生态世界观’的伟大变革将一定会源自内心，随后他说：‘我相信你在接下来这几天里即将体验的经

历，一定会加深你对这里面深层含义的理解。’

“谈话结束时，我又感受到与布赖恩谈话时同样的内心直觉，即我们会一起共事。

“最终我总共在那里待了14天。其中有7天是在大洋岸边的独处，其余是独处前后在营地里与其他参与者在一起。约翰主持了头4天的准备训练，地点是他为聚会建造的名叫帕拉帕（Palapa）的大棕榈棚屋下，培训是围着一张布满美丽雕刻图案的原木桌进行的。即使在白天最热的时候，凉爽的风也能让大家感到很舒适；晚上气温下降，我们要穿上厚外套，戴上帽子。我们还可以听到从半英里[①]外的大洋传来的轻柔浪涛声。

“我们每天都到帕拉帕棚屋旁边的院子里学练中国古代的气功。在中医理论中，气是所有生命赖以存在的生命之力。约翰说，这些基本的气功练习能帮助大家安静身心，调整气血能量，而且更重要的是，它能让大家身心更开放，感受到在独处过程中呈现的更大的生命灵力。练完气功后，我们就回到原木桌，一直训练到中午。午饭后有一小时左右的时间做练习或午睡，下午则一直进行到七八点，最后由约翰做总结，然后结束。

“我发现我完全被约翰的讲解吸引住了，一字一句地仔细揣摩。他的话是那么有趣，那么有说服力，既新鲜又有似曾相识的深度共鸣，好像很久以前留下的遥远的回忆。我们学会了基本的野外生存技巧，既包括从他自己野外独处和探险经历中总结出的原则和方

① 1英里约为1.6千米。——编者注

法，又包括世界各地经典传承提供的智慧，这些都聚焦于开发自己‘内心的本性’和与外部自然的和谐。

“培训的最后一天，在我们野外独处之前，约翰画了张地图，上面描述了大洋沿岸每一处野外地点的地貌特征。我选了离营地最远的一处。野外独处的目的是花时间单独与自然相处，所以约翰让我们留下了一切可能分散我们注意力的东西，包括手表、阅读材料、相机、收音机，甚至还包括日记本。‘你带的东西越少，等待你的发现就越多。’他告诉我们。

“出发前，约翰教给我们一个仪式，是从凯尔特人、美洲印第安人和中国藏族人的各种仪式中，也是从他自己那么多次野外独处的灵感中提炼出来的。仪式经过了特殊的设计，这样我们就可以把它变成自己个人独特的东西。‘对仪式来说，’他告诉我们，‘最重要的东西就是它要出自你心中——它表达你心中自然关爱的真实状态，它源自你整个身心的最深处。’然后，他讲解了‘十一方向仪轨’。十一方向是指四个主方位（东西南北），加四个中间方位（东北、东南、西南、西北），其余三个是上、下和‘无穷向内’。我们顺时针依次面对每一个方向，发出爱和感恩心，并对其布施鼠尾香草、雪松或大米。约翰说，真正的布施是爱本身。布赖恩已经有12次野外独处经历了，他告诉我们，这个仪式‘能量非常大——你与各个方向都建立了关系，它们就会教你一些东西’。

“早早吃完午饭，我们收拾好行装来到小道起点处，接下来，约翰就会让我自己走了。我把收拾好的背包放到车里时，约翰过来把我拉到一旁说：‘约瑟夫，别忘了，一旦你把最深的感恩心奉献给

大自然，她教给你的东西一定会让你大吃一惊。'

"我们的车开了近一个小时，才到了布赖恩的小道，把他放下来。然后我们又向南开了大约10英里，到了一大片无人烟的海岸线，约翰把我放在小道边，留下一星期的饮用水。我背着包走了两个小时，来到我选的地点。我停下来，放下包，坐下来接收眼前的一切。我选的地方是大约在海平面以上50英尺[①]的悬崖。下面就是下加利福尼亚西岸连接着太平洋的精细沙滩。那天，空气湿度非常低，我可以清晰地看到远处一望无际的蓝绿色的深邃大洋。沙滩大约有200码[②]长，南北两侧是大块大块的黑色圆石。我面对大洋，左边是南方，那里的圆石形成一个巨大的悬崖，约150英尺高。北侧的圆石没那么大，高度大约从几英尺到30英尺，实际上已经在海浪的不断冲刷下形成了美丽的岩石花园。

"我决定在俯视沙滩的悬崖上，在一块很像长凳的岩石边架起帐篷。我坐下来，往四周观察了片刻。我处在索诺兰沙漠中，地貌形态是沙子、石头和许多物种，以及各种大小不一的美丽的仙人掌；在仙人掌之间还零星分布着本地的野草和豆科灌木。我身后远处是谢拉得拉拉古纳山脉的山脚，这片7 000英尺高的山脉得名于顶部的大潟湖。凝视着这一切，真是美丽至极。但在我回到小道起点把水带进来，再架好帐篷以后，天色已晚，我也非常疲惫，就没有再四处探察。

"第二天，我侦察了整个海滩，包括两侧的圆石，又回到小道

---

① 1英尺约为0.3米。——编者注

② 1码约为0.9米。——编者注

起点，留下记号，表示我一切正常。回来后，下午晚些时候，我做了我的十一方向仪轨。我在沙滩中央一块露出沙子的平板大石头附近做了记号，然后按约翰的要求，在四个主要方向上走出去108步，定下四处地点，做布施仪轨。

“我开始面向东方布施，那是精神再生和觉醒的方向。我是面向着沙漠和山脉，看着远处巨大的仙人掌和上面深蓝色的天空。在这片空旷美丽的海岸线开始野外独处，真是最有魅力的经历。对我所经历的这一切，我心中充满爱和感恩之情，我跪在地上轻声说道：‘谢谢，谢谢，谢谢。’

“接下来我按顺时针顺序，转向我画的沙滩风车的南方；前面就是由房子那么大的圆石组成的峭壁。南方代表生命力、活力和无条件的爱。我对南方布施感恩心，又发生了同样的事。我默默地流着内心深处感激的泪水，说着心里的话。然后又转向代表转化和死亡的西方，面对大海和夕阳；随后是北方，代表永恒智慧和心灵净化。每一个方位都有声音对我直接讲述了我过去生活中的事，包括对我来说重要的人，以及我前面要走的路。

“结束后我坐在这个大风车阵中央的大石板上，看着落日染红的整个天空。两只美丽的鹈鹕从我面前飞过，紧接着又有两头灰色的鲸出现在海岸边不远处。以前我从来没见过鲸。我先是看见它们喷水，然后看到它们像海豚一样在水中滚动。我坐在石头上看着落日，听到耳朵里有声响，感受着身心的极度轻盈状态：我觉得心中的四面围墙已经不见了，我与大自然的界限消失了。我在石板上一直待到天黑，然后才回到帐篷里。

“两天后，按照约翰的要求，我开始辟谷三天，只喝由酸橙汁、枫糖汁和水混合而成的饮料，我感觉这完全满足了身体对能量的需要。我集中精力冥想，探索和体验我面前的一切，觉得自己进入了深度的放松和当下意识状态。

“沙滩的北侧布满了被千百年的海浪雕塑过的黑石——至少有数千块这样的‘石雕’，从巴掌大小到30英尺高，每一块都是一件杰作，都可以进最好的美术馆陈列展出。身处其中就会让你惊叹不已。我在这些石头中间坐下来，看着海水冲刷这些石雕，然后穿过石雕涌到离我几英尺的地方。时间好像过了几个小时。每次海水退下以后，就留下了由各种小水池组成的最复杂的花样图案。每一次的海水涨退都有不同的动态形式，并留下新的花样图案，就像艺术大师创作出来的一样。看着看着，我想起约翰说过的第一项原则：‘一切有形有象的东西都在不断变化着，相互关联着，都处于一种恒常的表象状态，并不断消失而复归本原。’

“要观察和学习的东西真多。我看到水中漂来一根近5英尺长、3英寸[①]粗的圆木棍，可以做一根很好的拐杖。我就用它来帮我探察沙漠和海滩两侧的岩石区。每天日落前，我都做一遍十一方向仪轨，布施我对大自然的深爱和对我所经历的一切的感恩之心。每次她都很快就回应我，从无例外。一次是两条鲸出现了约一小时，然后是鹈鹕和排列成阵的军舰鸟，那是一种很大很美丽的黑白色海鸟。还有一天是三头鲸一起出现了一会儿。另外一天，排成列阵的

① 1英寸约为2.5厘米。——编者注

鹈鹕飞到我眼前，让我激动不已。最壮观的一天是我辟谷的最后一天中午。前一天中午我开始了传统愿景探寻的24小时练习，但从早上开始，天就阴下来，刮起很大的北风，气温骤降。中午我开始做愿景探寻时，风已经非常大了。

“根据约翰的要求，我画了一个直径8英尺的圆圈，并要一直待在里面不出来。我们必须尽量保持清醒，还要尽量不喝饮料。我们还必须尽量保持站立姿势，并练习约翰教我们的一种站立式冥想方法。

“我是在海滩北侧一块大黑石附近的沙地上画的这个圆圈。因为风越刮越大，我就把外套、毯子和睡袋都裹在了身上，以抵御风寒。太阳落下海平线后，风刮得更大了，我后来知道当时的风速有每小时40~50英里。大浪拍打着岸边的石头，激起的细水花喷溅到我身上，整夜都是这样。坦白说，我当时感到很凄惨，我必须竭尽全力站在大风和浪花中，以免被吹到圆圈外。我无法保持深度冥想状态，星星和月亮都不见了，我也无法‘吸收’它们的能量。我能做的只有维持清醒的状态。

“拂晓之前，我开始练习约翰教给我们的气功。我努力集中精力，用大约一个半小时‘超额两遍’完成了气功练习。练功时，我的头脑变得更清醒了，精力也更足了。尽管这样，我却很失望，因为愿景探寻还没有结果，启示并没有降临。我怀疑是不是由于自己没有保持正确的意念，或是做了些什么不对的事，才导致了这个失败的结局。

“早晨很凉，空气却非常清新，天空万里无云，我好像能永远盯着蓝绿色的大洋一直看下去。中午，我终于可以出圆圈了，于是我出去，回到小路起点处的检查点。在回来的路上，我去了一处美丽的巨石绝壁。绝壁下面就是大海，上面却有一个大石雕。绝壁这么高，很难想象海水究竟是怎么能到这上面来，要多少世纪才能冲刷出这个大石雕。

“我走到悬崖边坐下，观赏着这一切。我做了祈祷，感谢上帝和大自然的造化，给我这个机会去体悟当下。我开始冥想时，突然看到左边有两头巨鲸同时在喷水，然后就上演了一幕令人无法相信的场景。我数了一下，它们总共向空中跃起了17次，整个身体像海豚一样腾空弯曲，然后头朝下潜入水中，场面极为壮观。我坐在那里，心跳加速，充满敬畏之情。之后有一段时间的沉寂。但突然之间，从大海深处，好像数千米的深处，巨鲸一跃升空，就像导弹发射一样，全身出水，停留在空中片刻，才落回到水中，却几乎看不见水花翻起。这样总共有三次。

“它们表演完了，我跪在悬崖边，呜咽成声：‘天啊，我们怎么还能伤害这些鲸呢？我们伤害了它们可怎么办呢？如果我们破坏了这片海岸线，那将是多大的罪孽啊！’与此同时，在我的正前方大约100码开外，一头鲸向我喷了4下，然后是寂静。一分钟以后，在我的左侧，又有一头鲸在水面翻转了4次，然后就沉寂无声了。我跪在那里很长时间，感觉好像膝盖跪出了流血的伤口。我觉得心完全打开了，与鲸的心连通了，我们之间再没有阻隔。我在这个强烈的慈悲心状态中停了很长时间，感觉就是在一块圣地，在伟大的教堂里。我当时就知道，我已经发生了永久的转变。

“第二天早晨我结束了辟谷，又花了一整天时间回访我曾常去的地方：我前一天看到巨鲸的悬崖，还有美丽的海边石雕。在下午晚些时候，我回到了海滩，做了最后一次十一方向仪轨布施，为我所学到的一切表达了我最深的爱和感恩。这个过程又给了我很强烈的感受。最后，我坐在我做布施仪轨场地中央的大石板上。鲸没有再出现了，但我的内心在微笑，觉得前一天的经历足以让我终身受用。

“日落前，我来到海滩南侧由巨型圆石构成的悬崖的底部，站在沙子上看一块巨石，思考我怎样才能向家乡的朋友描述它的巨大尺寸和外形。正当我看着它时，我突然感觉到了什么，就往左边看去，只见15英尺外的另一块巨石上，有一头雌性海狮。我吓了一跳，大喊道：‘啊！’可她却没动，只是用温柔的棕色大眼睛静静地看着我。我们待在那里，互相适应着对方的出现，大约有好几分钟。

“然后她开始动起来。我还以为她要走了，但其实不是。她从石头上爬下来，向我爬过来，停在大约8~10英尺远的地方。她把头放在两块石头组成的V字形的空当之间，好像模仿我把下巴放在手杖上面的样子。她把脸在一块石头上蹭蹭，然后又在另一块上蹭蹭。最后打了个大哈欠，然后就坐在那里看着我的眼睛。她的眼睛很美丽，很温和，但同时，我觉得也有很多悲伤。她和我在一起大约有10分钟，然后才缓缓爬向岸边，消失在水中。就在那一刻，整个天空都变成了红色——不仅是西边的天空，而是整个天空，横贯东西。我从未见过这种景色。我站在那里，完全被征服了，有一种整个身心最深处的感动。

“那天夜里，在月光下，我坐在帐篷边的石凳上，回想这几天大自然，特别是鲸和海狮给我的礼物。我想起刚到营地时约翰对我说的话，却感觉好像已经是上辈子的事：‘下一场生态世界观的伟大变革将一定会源自内心；你在接下来这几天里即将体验的经历，一定会加深你对这里面深层含义的理解。’我意识到，大自然已经成为我的老师。她已经帮助我理解了我是谁，以及我真正要做的是什么。

“第二天我走回小路起点，等车来接我回营地。在他们带我回去的路上，我没怎么说话。我还不能用语言描述我的经历，所以就闷着没说。那天晚上，我们又聚集在大原木桌前，分享各自的经历。开始时约翰就说，我们每个人的经历都是从‘深层发源地’生发的学习之旅，它播下的种子可能要几个星期、几个月甚至好几年的时间才能发芽生长。他建议我们回家以后要留出精神和心灵空间，以促进它的生长。

“我们轮流分享了各自的经历。约翰对每一个人的经历都做了反思阐释；就像美洲印第安萨满传统一样，他要解释每个学习者的经历。轮到我时，我却不想说。我还没有把握能把自己的深层经历向大家表达清楚。但我还是开始说话了，说出来的话好像是从另外一个时空来的。那些经历又变得真实起来，而且我感觉对在场的其他人也同样真实。我接收到的礼物，变成了在座的所有其他朋友一起分享的礼物。我讲故事的时候，大家完全沉默着。最后约翰说话了，他说这个经历是通向本原实相的路径。

"'我们的时间一到，本原实相就会显现。'他说道，'这个经历对你就是一个门径，要保持它的新鲜价值与活力。记住，通过这个门径，你可以随时回顾这段经历。时间是个矩阵，而不是线性的东西，你可以通过这个门径去激活过去的经历。'

"几天后，要离开营地回家之前，我又提出了刚到营地时问过约翰的核心问题：安魂人类的情景设想会成真吗？如果会，我们怎样才能最大限度地避免这种未来？我们如何才能转变整体？

"约翰说，我们的问题'从根本上说在于缺乏连通关系，不仅是人们自身之间的连通，还包括人与自然的连通，因为我们陷入了基于异化和分离的还原论意识。我们必须改变这种意识，并建立共生的关联。人类的命运在很大程度上仍然掌握在我们手里。有些事情惯性太大，已经积重难返。但我们还有两个窗口，会对我们有极大的帮助。第一，一种更高级的生态意识正在觉醒，它意识到个人与其他生命，以及我们之间的连通和相互依赖的关系。第二，一种以地球为核心和基础的精神发展正在迅速形成势头。这两个因素给我们提供了窗口，使我们能够避免地球的物质清洗。在这个窗口中，我们必须在精神和心灵上完成深层转化，这包括我们之间，以及我们与地球的关系。

"'如果我们能改变态度，放弃那种认为地球为我们而存在的想法，转而体认我们与其他物种的关系其实是共生于地球的邻居关系，体认我们并不比其他物种更优越、更有特权，那么我认为，我们还能有很长一段繁衍生息的时间。什么都还没固定下来，还没有到板上钉钉的地步。我说的转化工作必须在一定时间内完成，但时

间正在快速消逝。'

"我告诉约翰，我觉得企业是当今世界最有影响力的组织，并且可以在这方面发挥核心作用。他也赞成这个观点，并说：'要避免安魂人类的情景，这个转化必须在企业中完成。'"

约瑟夫停顿一下，说道："我回来以后就一直等着和你们分享这个经历，因为这正是我们所探讨的问题的核心。我知道你们会理解这个经历与学会观察、与学会我们必须完成的变革之间的联系。就像我们几个月前所说的，真正有效的转变只有人心的转变。对我来说，这几乎等同于学会观之以心。"

我们静静地坐在那里，然后贝蒂·苏说道："约瑟夫，我喜欢你的故事，但它让我有点儿忧思和惆怅。我们都必须到下加利福尼亚找像约翰·米尔顿那样的导师，跟他学习仪轨，才能体验你所描述的那种经历吗？"

"我不这么认为。"彼得说，"但这可能取决于我们怎么看约瑟夫的经历。"

"约瑟夫与大自然和鲸的经历，与我们和动物的通常经历完全不同。"贝蒂·苏说，"比如我们到动物园去看动物，也许动物也会注视你，但我们和动物不管是在身体上还是心灵上，很明显处在围墙的两面。这不是简单的围墙栏杆的问题。在我们和其他物种之间有一个巨大的鸿沟，而且在大多数时间里，这条鸿沟甚至还存在于我们和人类社会的其他成员之间。"

"约瑟夫的经历打破了这道屏障，进入了另一种身心状态。"奥托说，"这让他看到，所有发生在这些动物身上的事，也会发生在我们身上。这种新视角，就如同在另一个更大的世界里获得了重生。我觉得，这之所以能够发生，部分原因是约瑟夫能够完全进入当下状态，对世界完全开放，不再把自己局限在自身小小的蚕茧里。他简单而完全地处在当下意识状态中。”

“这种开放意识状态对成年人来说非常罕见。”贝蒂·苏说，“我所知道的其他类似的人群，能有这种状态的只有搞艺术和其他做创造性工作的群体。”

“但你们也知道，我不想给你们留下一个错误印象，让你们觉得那只是关于动物和环境的体验，或者是某种神秘的体验，这种体验当时感觉很好，过后就只是记忆了。”约瑟夫用安静而严肃的语气说，“它让我看到了一些东西，而且就我现在的理解，它的确改变了我的人生，以及我余生要做的事。对于我在很长时间里一直思考的问题，这段经历是一次深刻的印证。它对我们这里讨论的问题也绝对必要。

“那是一种被‘呼唤出来’的体验，被用作工具和手段的感觉。以前我也有过类似的体验，但我在下加利福尼亚发现，阻碍这种体验向更大范围发展的因素，正是我们深刻的隔离感。我在那里体验到，隔离的围墙消失了，而在那之前，我甚至还不知道这些围墙的存在。”

“这些围墙正是我们日常现实中的体制和构造，”奥托说，“这些‘体制构造’在消失之前，要比约瑟夫在下加利福尼亚经历的‘不可思议的奇迹’更真实。”

“我记得在《神话的力量》电视节目的一段采访中，约瑟夫·坎贝尔谈到人们为陌生人甘冒生死风险的原因。”贝蒂·苏补充道，“他说那是由于意识状态突破到一种形而上的体悟状态，即你和另一个人其实是同一个生命的不同表现形式。而在极端的危机中，这一形而上的实相就可能自发呈现。”[1]

“但是约瑟夫，你的经历真正值得注意的地方，是这种‘不二’意识状态的突破，是物种的界限的跨越。”彼得插话道，“你和鲸，以及大自然都融为一体了。”

“是的，但我一直在挣扎，在寻找语言去真实地描述我体验到的连通感。”约瑟夫回答道。

“尽管如此，你的语言仍然让我感动，”彼得说，“你描述你在鲸面前抽泣时，我的眼睛里也含着泪水。你的故事中有种东西，让我感到不可思议的悲哀。我不知道这是从哪里来的。”

奥托举头向上面看去，说道：“那是分离的悲哀，是离别之苦。”

第二部分　深入静默

Presence:
An Exploration of Profound Change in People, Organizations, and Society

| 第5章 |
生成的时刻

2001年4月

在后来的几个月里，我们一直保持着电话联系，有时候一次电话会议能谈上好几个小时。等大家再次到奥托家，已经是春意盎然的季节了。我们谈到了各自在做的项目，虽然这些项目有很大差别，但谈话总是会回到始终萦绕在我们心头的那个问题上。

* * *

"在壳牌那么多年，我一直在做情景规划工作。这些工作经历总在提醒我：讲故事对帮助人们理解现实的复杂性有重要作用。"贝蒂·苏说，"设想未来情景并构架各种未来情景的故事叙述，正是让组织深入了解各项战略计划背后所隐含的各种假设的方法。如果没有这类修习和演练，我们可能会不加分析地接受单一的理论假设和叙事方式，从而陷入执着。对我来说，这正是当今世界所陷入的大困局：作为在地球上生活的人类，我们用特定的叙事方式或理论模式来解释自己是谁；我们不但接受它，还陷在这些叙述或理论里；但我们内心总有某种东西，想让我们从它的禁锢中解放出来。”

“我完全同意。”约瑟夫说，“我们所认为的人类之间的分离，以及人类与其他物种之间的分离，就好像是我们的现行叙事方式的黏合剂。我们必须找到方法从这个悲剧性的叙述方式中解脱出来。”

“质量管理的先驱戴明博士曾提到过‘一种尚未得知也不可得知的损害’，”彼得解释道，“我们无法得知延续这种二元分离的谎话会使我们付出什么代价。我现在开始认识到，其实我们工作的核心应该是创造出一些方法，来帮助大家在更深层次上连通，即与大家的共同关爱和志向目标感连通。

“前一阵子，我在埃及参观了亚历山大的新图书馆。亚历山大的古图书馆曾经是人类智慧的聚集地和分享地，也是这方面历史成就的有力象征。埃及政府希望新图书馆将重新确立这个志向目标。但没有人确切知道古图书馆是什么样的，所以他们根本没想要复制它。新馆看上去像个巨大的盘子；如果从地中海看过去，它的玻璃和金属外表就像是地平线上升起的太阳。但最让我激动的还是在近处的景象。在建筑正面的水泥墙上，布满了用世界各地本土语言雕刻的各个古代文化中的创世神话故事。贝蒂·苏说得很对，如果我们愿意保留并考虑不同的故事叙述方式，我们就可以从自己的叙事方式和隔离状态中解脱出来。在埃及，大家可以强烈感受到，在追求实现这种自由的过程中，我们都还有很长的路要走。”

“但关于如何超越我们的隔离故事，其实我们知道的并不少，只是自己想不起来，或者没有意识到。”约瑟夫说，“我一直在想，其实我们都见到过团队集体状态发生转变的那些看似不可思议的时刻。从某种意义上讲，这么多年来我们一直在学习如何转变人心，只是未能从新的角度去思考这个问题。

“我们甚至会在很大规模上看到这种情况的发生。你们是否都清楚亚当·卡汉（Adam Kahane）1991年和1992年在南非蒙特佛利（Mont Fleur）的情景设想工作？情景设想团队包括学者、活动家、工会代表及白人社会代表——如公司高管、企业家、经济学家及第一流的产业机构‘南非矿业协会’（Chamber of Mines）的代表，还有来自在1990年前被划定为非法政治组织的代表。在一些最重要的会议中，甚至有当时只有白人才能参加的政党的代表出席：执政的南非国民党（National Party）、右翼的南非保守党（Conservative Party）和自由主义的南非民主党（Democratic Party）。这简直是史无前例的事件。

“实际上，南非的历史性转变正是大家共同创造不同未来的典范。在1985年，有谁能预料到南非在短短10年之后就能完成多种族的民主政体的和平转型，并且没有出现武装冲突和大规模流血事件？”

“嗯，我知道南非在20世纪80年代中期就开始了最早的情景设想演练，”彼得说，“那一次的主办方是在南非很有影响力的大型矿业联合企业‘英美资源集团’（Anglo American Corporation），但几乎没有黑人参与。尽管如此，它还是对解放人们的思想做出了贡献——和我们在此谈论的事类似。我曾经看过1987年前后在南非很流行的电视节目录像，这个节目演示了当时的两种情景设想。一个叫‘低路径’情景，另一个叫‘高路径’情景。‘低路径’情景是设想种族隔离政策得以延续，南非在世界上越来越被孤立。‘高路径’情景是设想种族隔离政策终止，南非融入国际社会。公众对这两种情景设想的讨论，不仅使许多白人开始思考维持现行政策的后果，还加强了一种信念，即国家对自己的未来是有选择空间的。”

约瑟夫点头赞同：“也许部分由于最初那次演练的成功，当德克勒克总统在1990年正式启动结束种族隔离政策程序时，大家对新一轮情景设想工作已经有了心理准备。壳牌资助了这一轮的工作，在我手下工作的亚当还辅导了这个项目。当时的想法是，让参与共同创建第一个多种族政府机构的人员，一起思考各种不同的未来情景。好的情景设想可以让大家提出棘手的问题，同时还能避免在有关未来的政治辩论中常会发生的那种立场僵化和花言巧语的争论。

“工作团队后来提出了4种情景设想，每种都有一个好玩的、没有威胁性的名称。‘鸵鸟’情景是当政的南非白人政府把自己的头埋在沙子里，回避面对现实问题。‘跛脚鸭’情景是新上任的黑人政府的权力被宪法条款严重限制，结果完全没有任何行动能力。‘伊卡洛斯’（Icarus）情景是新政府启动激进的经济改革，增加了土地和企业的国有化程度——而且，就像希腊神话中的伊卡洛斯一样，因为飞到离太阳太近的地方而丧失了‘飞行’能力，把经济系统搞垮了。

“还有一个叫‘红鹤’的情景设想，开始没有人特别喜欢这个情景，因为红鹤起飞速度很慢。但工作团队反思这些不同的情景叙述后得出的最后结论是，‘红鹤’才是唯一可行的路径，因为红鹤们总是一同起飞。

“现在回顾这段经历，可以清楚地看到，当时大家的心是开放的，要不然他们不会聚焦在这个情景上。这是个必须要大家共同前行的情景。假如有一个人在团队中想要说服其他人，想赢得辩论，那么这种观点分享就不可能发生。当然，我不是说可以肯定和确认这些情景设想在多大程度上对南非的变革进程产生了实际的影响。但我相信，这些情景设想对南非新政府得以团结多样化的选民群体，产生了重大的思想影响。

“多年来还有许多其他情景设想练习，却没有产生这么大的影响。我一直在考虑，是什么因素使南非的案例与众不同。”

“我也很好奇，”贝蒂·苏应和道，“情景规划肯定不是新工具，但这个案例却很不一样，即使不是在质上有差异，也一定是在量上有区别。如果我们能更好地了解其中的原因，也许就能对集体共同观之以心的条件有真正的洞悉。我们可能特别会理解团队中发生‘不可思议的魔术’般的转变时，究竟出现了什么情况，还会理解一个团队究竟怎样才能成为催生更大的整体转变的微系统。”

奥托看上去若有所思，他说：“我觉得一个团队在成为生成性的微系统时，一定会与自己真正的志向目标建立深层连通。在几个月前的一次会议上，亚当讲述了一个时间距离更近的公共情景设想项目，也许我们可以从中发现这种情况发生的机理线索。”

“那是什么项目？”约瑟夫问。

“危地马拉。亚当从1998年就开始在那里工作。一组地方企业界人士、政府官员和人权活动家了解了亚当在南非的工作之后，就决定请他帮忙。他们从危地马拉的各个领域中选出了45人，包括政府部长、原游击队和军队指挥官、企业家、大学校长、教会领袖、记者、市长、学生和社群组织者。这些人要组成一个能共同思考和行动的领导小组，启动国家的愿景重建和社会振兴工作。危地马拉经历了36年内战，直到1996年战争才平息。一个只有800万人口的国家，竟然有20多万人在内战中死亡或‘消失’。尽管有官方的和平协议，你还是可以想象危地马拉的社会、政治和经济秩序的混乱程度。

“这个名叫‘危地马拉愿景’（Vision Guatemala）的小组开始勾画未来10年国家发展的一组情景设想。这些情景简单清晰，揭示了国家的某些关键运作机制问题，例如在和平协议里倡导的改革能否持续下去，以及承认危地马拉多样性文化的需要——毕竟，全国有50%的人口是玛雅印第安人。

“小组开始在正式演讲和非正式对话中使用这些情景叙述，并由此让全体国民都参与进来了。这些情景叙述总结了他们对国家中正在呈现的现实的理解，包括他们应该做的是什么，以及他们无法不去做的是什么。过去3年，这个小组似乎已经产生了非常大的影响。作为民选领导者，危地马拉愿景小组的成员在教育、立宪、政府财政改革和许多地方开发项目等方面都发挥了重要作用。他们在数百个各种类型的组织中复制了小组的深度对话过程，并把这项工作列为重新塑造国家社会秩序的战略内容。一位联合国官员在最近的一项研究中指出，危地马拉的情况仍然很艰难，但如果没有危地马拉愿景小组，'我觉得可能早就发生政变了'。[1]

"但对我来说，亚当的故事里特别有意思的地方是项目早期的一件事。好像每个人都认为，危地马拉愿景项目在全国有影响力的领袖人物中间产生了非同寻常的共同承诺和投入，并建立了相互信任的关系网。但在此之前，他们很多人其实并不认识，有些还是势不两立的对手。在第一次研习营上，亚当用5分钟追溯了这种深层的共同承诺感。当你问到什么东西能促发'不可思议的魔术'转变时，我就想起这段经历了。

"那次研习营的第二天晚饭后，大家围坐在一起讲述战争年代的个人经历。换句话说，每个人都在情景设想所揭示的动态作用机制上开启了一扇个人的'窗户'。例如，有一位女企业家是反对违法不受惩罚现象的著名斗士，她讲到有一天她的一个姐妹被军人杀害了，她从一个地方跑到另一个地方，想了解究竟发生了什么事。讲这段故事需要很大的勇气和坦诚：女企业家在事件发生那天询问的第一个军官曾否认所发生的一切，而他恰巧也在研习营里，并且就坐在她的身边。

"第二天上午，谈话开始后不久，头一天晚上没说话的一位男士说想讲讲他的故事。他叫罗纳斯 · 欧查塔（Ronalth Ochaeta），现在是危地马拉派驻华盛顿的美洲国家组织的大使，当时曾是天主教会人权办公室的行政主管。他的故事是在玛雅乡村看到大屠杀坟地挖掘现场。内战期间发生过许多类似的大屠杀。他当时看到很小的

骨头，于是就问在场的法医，是不是因为骨头碎了。法医回答说：‘不是，这些是被屠杀的孕妇肚子里胎儿的骨头。’

“请注意，要理解这个故事，你需要记住亚当是个非常实际的‘艺术家’。约瑟夫，你最了解亚当。我只能说，他甚至很不愿意谈论诸如‘魔术般的时刻’这类的事。”

“没错，亚当的性格是那样。”约瑟夫回应道。

“亚当接下去讲道，‘罗纳斯讲完以后，房间里一片沉静，大概有5分钟之久。在那段静默的时间里，发生什么事了？一个在场的人后来说，当时房间里有一种精神能量。另一位说，那是一种共鸣。我不觉得自己对这类现象很敏感。但如果你把音量放大，那么甚至愚钝如我的人也就能听到声音了。当时我确定听到了某种东西。’”

奥托停顿一下，继续说道：“亚当说，他坚信危地马拉愿景小组后来的成功可以追溯到那个时刻；他们完成了艰巨的任务，即达成了共鸣的愿景和情景设想，并在以后数年间协调一致地开展了行动。如亚当所说，在那个时刻‘共鸣的志愿和小组的共同承诺开始清晰地呈现在他们面前。那个时候，每个人都清楚了他们为什么在一起，以及必须要一起做什么。就如同我们深入自己的现实并从其内部看清了现实。正是在那个观察中，我们理解了我们是谁，以及我们为什么走到一起。’

“危地马拉的土著人口比例在美洲国家中是最高的。玛雅人的圣典《波波武经》（Popol Vuh）中有这样一段话：‘我们的想法不是我们创造的。我们只是把我们的志向目标聚集在一起，达成一致。然后我们做出决定。’亚当说，‘这正是在危地马拉愿景小组中发生的事。'”

然后是一段静默——不是完全没有语言表达，而是一种当下理解状态的呈现。

最后彼得开口讲道：“亚当说，需要调大音量，他才能听见。也许我们其他人也没什么不同——我们都得用毕生精力学习‘聆听静默’。印度精神导师克里希那穆提（Krishnamurti）说，这就是真正的沟通很少发生的原因：‘真正的沟通只能在静默中产生。’但在这种静默中，不是只有心灵的解放和‘从内部’的观察，还有其他东西。”

“他们看到了自己的志向目标，就像我在下加利福尼亚半岛时的情形。”约瑟夫说，“在那种特定的静默状态中，你能够听到、看到或者感受到在平时无法感受到的正欲破土而出的新事物。”

“没错，”奥托说，“不过我可能会换个说法。我个人的经历是，在亚当描述的那种场合中，我们所连接到的更大的现实不是处在静态，它是在运化或呈现的过程中，我们也是那种运化过程的一部分。这是一种依赖于我们运化的正在呈现的未来。”

“我们不确定是否真的明白你的意思了，”贝蒂·苏说，“那是种什么样的感受？有什么不同之处？”

“那不是一种被动的东西——我觉得有很大成分是我们的主动参与。就像你和这个正在呈现的未来连接在一起了，或者至少是建立了一种潜在的连接，假如你选择去接受那个潜在可能性的话。”

“我明白你的意思了，但要是有具体例子的话会更有帮助。”彼得说。

“嗯，我第一次的体验是在16岁那年。那天一早我去上学，但等我下午回家时，一切都变了。”

“发生了什么？”彼得问。

“那天中午前后，校长把我叫出教室，让我回家。她没跟我说为什么，但我注意到她的眼睛有点儿红，好像刚哭过。我急忙赶到火车站，往家里打电话却没人接——线路中断了。我完全不知道出了什么事，但有一种不祥的预感。火车有45分钟车程，我下车后没等公交车，就直接打车回家了。那是我第一次坐出租车。

“离家还很远的时候，我就看到前方有大团的黑灰色浓烟不断涌起，通向农场的栗子树大道上站满了邻居、消防队员、警察和伸长脖子围观的人，差不多有好几百人。最后半英里我跳下出租车，朝家里飞奔过去。

“我跑到院子边上，顿时惊呆了。有350年历史的、我家族差不多生活了200多年的、我一直生活在那里的农场大房子已经完全被毁掉了。我们站在那里，眼前一片废墟，完全的废墟，只剩下冒着烟的焦炭。看着这个场景，意识到眼前这一切的真实性，我感觉就像有人把我脚下的大地移走了。这是我出生的地方，是我幼年和少年时代的家。一切都没了，我所有的一切都没了。

“但是随后，当我盯着火苗一直看进去时，火苗好像也进入了我的身心。我觉得时间放缓了。只有在那一刻，我才意识到，我对大火烧掉的东西是多么执着。我的所有经历，所有亲切的记忆，所有紧密的关系，全都化为乌有了。我仍然站在那里看——作为观察者的我，突然间意识到自己还有另外一个层面，以前自己并不知道的层面，在这个层面上，我并不与自己的过去（即已经消失了的世界），联系在一起。

“那一刻，时间似乎完全停止了，我感到意识被拉向身体的上方，开始从上面一个地方看整个场景。我觉得心境在扩大，达到了一种前所未有的清晰意识状态。我意识到，我不是原来认识的那个自己。我的真正的自我，并没有执着于在废墟中被毁灭了的那些物质的东西。我意识到，自己的真我还活着——而且比以往任何时候都更清醒、更有活力、更准确地活在当下。我意识到这么多年来对那些物质的东西的执着，在多大程度上消磨了自己，而自己却还从来都没有意识到。而在那一刻，一切都毁灭了，我突然感到了一种解脱，一种自由：我可以去接触自己的另一个层面，另一个未来导向的层面，它引导我走向自己的未来，一种通过我自己的努力而创造的未来世界。

“第二天，我祖父来了。他当时87岁，一辈子都生活在那个农场。一星期前，他离开农场去医院看病，正在接受治疗。

“他竭尽全力从车里出来，径直走到我父亲仍在清理现场的地方。他甚至没有侧目看一眼自己一辈子生活过的、已被烧成废墟的地方。他直接来到我父亲身边，抓住他的手说：‘昂起头，小伙子，向前看。’

“然后他转回身，直接回到等他的车子里，然后车就开走了。几天后，他静静地去世了。”

奥托讲到这里，眼里充满泪水。

“即使过去了这么多年，这件事中的那些小细节仍然让我感动：祖父从我身边走过，对他自己已经变成废墟的家看都没看一眼，只是竭尽身体最后的力量去转变我父亲对过去的执着，去让他为可能出现的未来而敞开身心。

“那件事引发的一个问题，让我至今仍然耿耿于怀。我需要做些什么，才能连接到另一个层面的时空，那个轻轻拉着我面对我未来可能性的时空？正是这个问题使我在几年前离开德国来到麻省理工学院，也促使我与约瑟夫共事。”

“而且直到此时此刻，问题还在你心中萦绕。”贝蒂·苏静静地陈述道。

| 第6章 |

生成中的理解：U型理论

我们继续谈论亚当在危地马拉的经历和奥托的第一段故事。我们逐渐意识到，多年以来我们一直在酝酿的一个理论观点，已经变得越来越清晰了。这个理论观点来源于约瑟夫和奥托好几年来的工作，也来源于我们每个人所经历的“一种依赖于我们运化的、正在呈现的未来”。约瑟夫和奥托那些采访中所呈现出的洞悉，与我们的直接经历结合，揭示出这类非同寻常时刻背后的动态过程。约瑟夫和奥托采访过的许多人都阐释了这个过程的不同侧面，而其中一位，布赖恩·阿瑟，则描绘了一幅整体图像。

一个理论的种子

1999年，阿瑟第一次接受约瑟夫和奥托采访时，谈到需要“感知一种正在呈现的未来”，以便迎接经济管理工作中所面临的日益依赖技术开发的挑战。[1]随着技术开发速度越来越快，经济学家约瑟夫·熊彼特（Joseph Schumpeter）所说的对产品、公司甚至整个产业的“创造性毁灭”[2]也越来越快。阿瑟认为，这会导致不断产生“结构的组建、改装、锁定和衰败”。[3]能够预测或可以重复的东西已经很少了，问题也不能被清晰地界定了。风险会越来越高，游戏规则和其他各参与方的变化也会越来越快。总之，业务运作会越来越不像“重复性的旧制造业的生产车间”，而会越来越像一种“技术赌场”。在这种商业环境下，根据过去的经验和习惯做决策，已经不再是最佳或最明智的选择了。阿瑟指出，像盖茨、乔布斯和山姆·沃尔顿（Sam Walton）那样的商业领袖，之所以能在这种新的商业环境中成功发展起来，是因为他们知道“如何让自己从‘问题’中超脱出来，并避免条件反射式的行为”。他们具备不用旧框架套装新现实的能力。

阿瑟的理解包括了悬挂观点和再引导，但还联系到一种不同的行动方式，即通过一种他称为“不同的觉知”的过程而产生行动的方式。“你要观察、再观察，并让这种观察体验凝聚成某种适当的结晶。从某种意义上讲，这里没有决策要做，”阿瑟说，“要做的事会自然清晰地呈现出来。你不能着急。这在很大程度上依赖于你的心态和个人的整体状态。你所能做的只是根据你对正在呈现的未来的动态愿景，做出适当调整和准备。这里面有完全不同的规则。你必须‘感觉出来’你要做什么。你必须迟疑，必须观察，并学会像冲浪运动员或优秀赛车手那样行动。不能根据演绎推理行动，而要根据内在的感觉，跟随你动态变化的感觉。你甚至没有思考。你已经和实际情况融为一体。

"传统中国和日本的艺术家讲究坐观外景。他们会坐在平台上，花一星期时间观察外景，然后突然开始迅速完成绘画创作。武术也一样：如果你在搏斗中还要思考，则必死无疑。在二三十年的武术训练中，你要把许多可能性都内化于心，然后才能全神贯注于当下发生的情况。"

他还指出科学家中也有类似的现象，"大多数科学家把现有的框架拿过来比照某种新情况"，但"一流科学家会坐下来放松，并从各种角度去观察，然后问，'这里面的实质是什么？'根据我的观察，这些杰出的科学家并不比那些'好的'科学家更聪明，但他们却有另一种能力，结果导致根本的差别。

"认知有许多种。最简单的一种是条件反射式的认知，比如，'对，他们这里有库存问题'。但还有更深层的认知，比如问，'这里真正的问题是什么？'第一种往往是标准的认知，是用常态意识达到的层面。而更深层的认知则要涉及更本质的问题，回报也会更大。与其叫它'认知'，我宁愿叫它深层'觉知'。"

奥托问到如何才能获得这种"觉知"，阿瑟指着自己的心，回答说，"这种内心的觉知是从这里来的"。"我们每个人都以某种方式，自觉或不自觉地体验过这种觉知。"

约瑟夫问道，那些承受很大压力、必须迅速行动的经理人和领导者该怎么办？阿瑟回答说，他讲的那种观察"可能需要数天、数小时，或只需刹那之间完成，比如在武术或体育竞赛中。我要说的是，假如你采取条件反射式的行动，你就会把现成的解决方案套在新情况上。在美国，经理人认为快速决策就是一切。而如果是新情况，放慢速度就是必需的。要放松，要观察，要调整自己，然后再行动。那是从内心的觉知中自然流露出来的快速行动。要有足够的时间放缓脚步，才能真正看清需要做什么。有了新鲜的视角和愿景，才有可能有创新的行动。由此，在集体层面上的整体反应，才可能更迅速，否则，试图匆忙做决策，就无法让大家信服，只会欲速则不达”。

第二种学习实践

危地马拉愿景小组和奥托家失火的故事逐渐帮助我们看清，阿瑟所谈到的其实是包含更活跃的未来因素的“第二种”学习实践活动。从杜威开始，理论家们都认为，我们是从过去的经验中学习，通过行动与反思的循环来引发新的行动。但阿瑟谈论的是一种不同的学习活动，一种从尚未发生的未来中的学习，这种学习通过不断发现自己在成就未来过程中的作用而获得提高。只有在能够对未来起到好的向导作用时，从过去经验中学习才是充分的。但如果有全新的影响力在塑造变化的现实，这却往往可能让我们对根本性的转变毫无察觉。

杜威对学习环路的阐释包括四个阶段：“观察”“发现”“发明”（新行动）和“生产”（那些新行动）。从那以后，许多学者和咨询师就开发了多种杜威式的学习环路模型。尽管这些不同模型使用不同的语言描述，在具体细节上也与杜威的原始模型有所不同，但却都忠实于杜威的原始理念，即：学习的本质特征来自过去的经验——几乎所有有关持续学习的模型都是基于过去的经验的，包括工作团队的经验和更大的组织单元的经验。[4]一般的组织变革模型也一样。例如，“有计划的变革”模型有三个阶段：一是根据谨慎的调查程序采集信息；二是决定想做什么，即做出决策并吸纳决策过程的参与者加入行动；三是完成实施，监测执行过程并随时调整。[5]

但正如亚当所说，大多数变革程序都停留在肤浅的层面，因为它们无法产生深层的理解力和承诺投入，而这些才是在真正的挑战中保持持续变革势头所必需的。如果基本的变革要求只是对新情况做出反应，那么进行计划、决策、监督，并控制后续过程就已经足够了。但是，亚当指出，“如果面对的是非常棘手的问题或两难的局面，如果需要风格迥异的人们在异常复杂的局面中协调一致，如果未来可能会和过去有天壤之别的话，那么就一定会需要一种不同的变革过程”。

在好几年的时间里，约瑟夫一直把这种过程描述为“在新现实呈现之前感知和促生之”。[6]与此同时，奥托则在开发一种描述不同层面的感知和变革的理论，并用字母U的形状来区分感知的不同层面，以及由此产生的不同层次的行动。[7]用阿瑟的话说，这个过程意味着三个主要阶段或元素：第一，“观察、观察、观察”——与世界融为一体；第二，“静修和反思”——让内心的觉知呈现出来；第三，“以自然流露的方式迅速行动”。我们把这些归纳为：感知、呈现当下和实现收获。

感知

这种U形过程中的三个基本层面，是对所有学习过程中发生的活动的延伸。这也是从表面上看它们与标准的“有计划的变革”模型有类似之处的原因。从某种意义上说，肤浅的学习和变革过程是U形过程的简化。比如大多数变革努力都不会沿着“U的下行段”走太远，因为在感知阶段就没有多少深度。采集信息并不意味着悬挂习惯了的观察方式，或再引导我们的注意力去从一个现象或情况的内部来感知正在发生的事。通常情况下，我们很可能会通过采集信息来确认自己现有的假设。[8]如奥托所说，我们会“下载自己的心智模式”，并只看到我们准备好要看到的东西。在某种意义上，我们看到的只是过去，是用我们的心智模式去反照的过去的经历。即使我们能够悬挂原有观点和模式，并用新鲜的视角去观察，也不能保证我们会看清自己与现实存在之间的关联。相反，阿瑟谈到，不要强加原先已有的框架，包括不能悄悄地这样做；然后，要让自己沉浸在现实的情况中，并最终“与现实状况融为一体”。

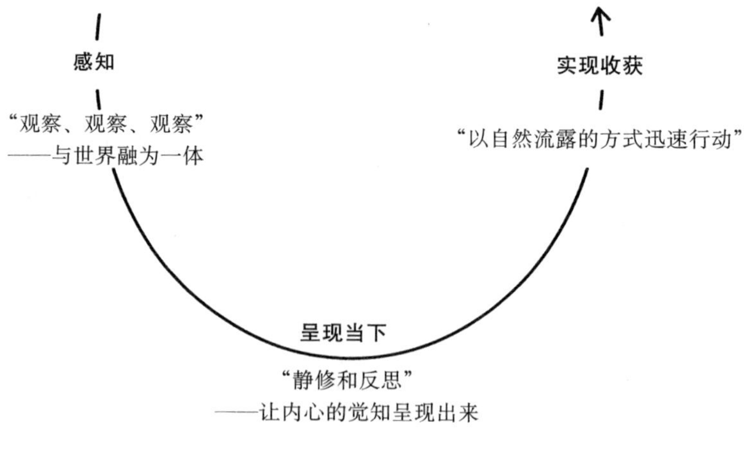

呈现当下

类似地，在“感知”阶段，即U的下行段所达到的深度，会决定之后将出现的情况。标准的变革理论通常以决策为中心，先确定“愿景”，再通过某位有个人魅力的人物，要求大家“投入愿景”并行动。但阿瑟所说的，是对正在呈现的东西达到一种清晰的体认和连通，是与“内心的觉知”的连通。由此，“从某种意义上说，不需要做决策，要做的事会自然清晰地呈现出来”，并且你的成就“依赖于你的心态和个人的整体状态”。相反，理性至上的、微积分式的决策和实施模型，往往不关心决策者的内心状态。

U形底部的状态是“呈现当下”——即从最深层的本源处观察，并成为那个本源的传播媒介。当我们悬挂观点并再引导注意力的时候，感知会开始从整体的动态生命过程中呈现出来。当我们体悟当下时，感知又进一步从连接自我和整体的最高未来可能性中呈现出来。理解体悟当下的真正难点不在于其抽象性，而在于其经历的微妙性。

例如，当奥托站在被烧毁的家前面时，他所有的习惯思维都因震惊而被悬挂起来了，于是他经历了微妙的连续变化。当他意识到所有从前界定自己生活的东西已经全部消失了，他习惯了的认同感就开始发生转换。然而他知道自己还在。于是，“当我盯着火苗一直看进去时，火苗好像也进入了我的身心”。这是再引导——从观察细节到开启想象力，观察火苗和自我的整体的动态生命现象。

当时他觉得自己沉入了静寂的深层体验：“那一刻，时间似乎完全停止了，我感到意识被拉向身体的上方，开始从上面一个地方看整个场景。我觉得心境在扩大，达到了一种前所未有的清晰意识状态。我意识到，我不是原来认识的那个自己。”奥托意识到他并未执着于“在废墟中毁灭了的那些物质的东西”，而且“意识到，自己的真我还活着——而且比以往任何时候都更清醒、更有活力、更准确地活在当下”。

然后，他进一步感到：“在那一刻，一切都毁灭了，我突然感到了一种解脱，一种自由；可以去接触我自己的另一个层面，另一个未来导向的层面，它引导我走向自己的未来，一种通过我自己的努力而创造的未来世界。”

对奥托而言，这就是在那个特殊时刻的体悟当下的经历。其他人可能会有所不同。彼得会说到在演讲中有时会“完全忘我”，“我就是听众，听众就是我。这时我可以肯定，不管出现什么，都恰好是那时需要出现的东西”。反思在罗纳斯·欧查塔讲了胎儿尸骨故事之后所出现的深度沉静，危地马拉愿景小组成员说，那时就像“房间里有一种精神能量”或“一种共鸣体验”，那个体验导致了他们后来的成功。而约瑟夫在下加利福尼亚半岛则感觉到一种“意识状态的提升和一种全景式的觉知”，并且“在我和动物之间的界限消失了，似乎整个世界都消失了。在这种深度的心灵开放状态中，我过去所有的投入执着都放下了。我还发现了自己余生中下一步要做的事”。

实际上，呈现当下是第三种观察。它超越对外部现实的观察，也超越从动态生命过程整体内部的观察。它是从呈现未来整体的源头内部观察，是从未来回眸当下。在这样的时刻，我们感觉到与自己最高的未来可能性和命运走势的连通。我们的意向从出自过去的经历转到发于未来的潜力，如奥托所说，这是一种依赖于我们运化的未来，“从你历史的小我，你的欲望和需要，到你的大我，代表你未来最高可能性的大我”。用约瑟夫的话说，U形的底部，就是你发现“作为仆人和世界所需要的东西的受托人，你究竟是谁？这是阿瑟所说的‘内心的觉知’。一旦你看清需要自己做什么，你就会自发地行动起来”。

我们选择“呈现当下”这个词来描述这个状态，因为它就是关于达到完全当下意识的状态——感知我们周围更大的空间或场景，感知更大的自我，并最终感知正在通过我们来呈现的东西。

实现收获

U的上行段是创造新现实的过程，这与标准的学习模型一样，但这里的行动来源于比理性思维更深层的地方。阿瑟提出的武术类比（“如果你在搏斗中还要思考，则必死无疑”），强调了顺应自然的行动能力的重要性。如一位受访者所说，“这几乎就像自己在看着自己行动。我投入其中，同时还保持超然的意识。一旦发生这种情况，我就知道会出现不可思议的现象”。

不可思议的现象部分来自人们对新事物的感知能力，以及顺应自己感知到的要求而自发行动的能力。与此相反，许多有计划的变革努力都有一种根深蒂固的缺点，即盲目执着于“计划”。[9]不可思议的现象的出现还源于我们的意识疆界的开拓，以及我们的动机的转变。U的下行段要求不强加原有的框架。与此类似，其上行段则要求不强加我们的意志。如约瑟夫所说，“仅仅试图把自己的意志强加到某件事情上，就永远无法看到在更大的目标和动机下运作时所生发的那种力量”。

我们还认识到，从U上行段过来的人不再感到孤独。在他们相互之间，在他们与世界之间都建立了连通感。如奥托所说，与通常的变革努力相比，U型理论描述的变革的不同之处在于“作为观察者和行动者的我们，与自己运作于其中的世界之间的关系的质量”。从本质上说，U型理论提出一个问题：“在世界之中采取行动，而非对世界采取行动，究竟意味着什么？”在标准的变革模型中，变革领导者与他们要改变的东西是分离的。比如，高管们想要“改变他们的组织”，似乎组织与他们自身是分离的。而别人抵制这种有计划的变革时，他们就会感到失望和沮丧，并把这种困难归咎到自己身外。“变革计划”或“发布变革举措”这些词语本身，其实就暗含着要把人的主观意志强加在自己假想的外部现实上面。

而U型理论则提出一种不同的观点，即个人或集体与更大的世界“共同创造”现实的模型。自我与世界是相互连通，不可分割的。自我不仅是对外部现实做出反应，也不是单独创造什么东西；相反，好比树的种子，自我成为新世界变成现实的过程的门户。最终我们不能说“我在做这个”或“我们在做这个”，因为这种经历是不可分割的、整体的意识和行动。对这种敏感而精微的觉知，两千多年前的《薄伽梵歌》中有一段美丽的描述：“一切行动只能从自然的特性中产生。而陷入我执迷惑中的自我，却认为‘我是行事者’。”[10]

| 第 7 章 |

骆驼过针眼：放得下，拿得起

在古代的耶路撒冷有处叫作“针眼”（the needle）的窄门，驮满货物的骆驼若要通过那里，就必须卸下货物。间接引用这个在当时广为人知的比喻，耶稣说：“富人进天堂比骆驼过针眼还难。”[1]

在U形过程的底部往往也有一个内心的门槛，也需要我们把人生旅途中驮带的包裹卸下来。我们一旦过了这个门槛，就能从正在生成的现实的本源之处来观察，并让它通过我们呈现出来，变成现实。在我们采访的人里，有的叫它“隔膜”，有的叫它“门槛”，还有人甚至把它看成一种生死轮回和阴阳转换：放下，舍得，是轮回中的死亡过程，而体悟到一种不同的自我，则属于再生过程的早期阶段。如果是集体通过这个“门槛”，大家会用许多不同的语言来描述这个经历。有的人谈到异乎寻常的创造力，有的人用无限的能量描述它，还有人用深度会谈来形容它：大家不记得谁说过什么，因为发现和创造的流动似乎把所有人都融为一体了。许多人只是说，不能用理性思维去理解所发生的经历，因为表面上看似完全不可能的事却发生了——比如，骆驼穿过了针眼。

内心的疑惑

1998年，世界最大的两家公司刚刚完成关键运营机构的大规模合并重组。合并前的两家公司原本是竞争对手，现在它们则必须共同面对其他对手。对这次合并能否成功，也有许多理由让人怀疑。它们面临的挑战十分严峻，这使公司总裁决定成立一个由所有关键业务部门经理组成的小组，还邀请了外部参与者约瑟夫和奥托加入。小组的任务是领导力开发过程的设计，目标是让各层面的领导者都能有效提高现有业务的竞争能力，并创造出新的业务领域。

小组一起工作了4个月。然而直到日程安排的最后一次会议的最后一天，领导力开发的设计工作仍然没有完成。按计划，首席学习官和小组组长要在第二天向公司总裁报告设计工作，并提出所需要的实施预算。所以，那天结束之前必须完成设计。当时只剩下3个小时，尽管工作任务很重要，尽管每个人都知道当时需要的就是创造性，但小组还是完全没有任何创造力。如果会议拿不出有说服力的设计，整个项目将会面临失败的结局。

焦虑的情绪在增长，气氛越来越紧张。后来，平时很安静、不怎么爱说话的一位名叫戴维的主要业务部门的副主管，站起身来面对小组成员发言了。他的声音里带着一种激情，也有一种脆弱——很明显，他是鼓足了勇气才站起来发言的。他看着墙上挂着的小组工作总结图表说："在这里，我真的感到自己在挣扎。我觉得我真的理解每个局部和细节，可就是无法从宏观看清全局。”然后他转向奥托，问道：“你能不能帮我？帮我解释一下。如果我们能看清整体，我们就能完成我们所需要的突破。”

奥托没有回答，一方面因为他也没有针对戴维的问题的直接答案，另一方面还因为他不想干扰正在深入的沉静过程。一时间，房间里都安静下来了。小组里没有人曾以这种方式寻求帮助。于是，约瑟夫看着围坐在一起的小组成员说：“知道吗，我觉得小组一直缺乏的，就是从心里倾诉和聆听的意愿。”过了一会儿，另一位成员说：“我觉得如果我们能用戴维刚才那种个人的勇气来引导我们的日常行动，那我们就能完成任何需要的变革。”约瑟夫回忆道，在接下来的一小时里，“房间里的每个人似乎都开始在更深层的源头处讲话”，“这个项目的设计也变得清晰起来，似乎没费什么劲儿，就好像在瞬间完成了刚刚还看似不可能的事情”。

尽管小组里的很多人都不知道该怎么理解那时发生的事，但那个经历的确非常深刻而有震撼力。“好像设计背后的模型一直就在那里摆着，但我们却都陷入各种细节，所以根本看不到它。”一位参与者后来回忆说。另一位说：“那是我所经历的最高效的几小时协同工作时间。”在其后的几个月里，被称为“领导力实验室”的新领导力开发过程，在两个核心业务部门激发了主要的变革行动，并开始显现出令人鼓舞的成果。两年后，这两个部门在业绩测评中都从“最差”提高到“第一”。同样重要的是，戴维和其他人都看到了戴维所说的“由于我们自身达到了这个不同的境界而产生的能量和激动心情。它让我们知道我们需要到哪里——并真的到达那里了”。

舍弃控制欲

要到达那个体悟当下的“不同的境界”，就必须先开发一种“放得下”的容纳力，即放弃我们想象中需要的控制欲。瓦莱拉把“放得下”看作是提高意识水平的第三个“基本动作”，排在悬挂观点和再引导之后。“通常是生活境况逼迫你放下：疾病、危险、失恋——某种极端的力量迫使你做出放下的动作，由它去了。”但他还认为，放得下也是一种可以开发的容纳力。

悬挂观点让我们对自己的思维习惯有更清晰的认识，因为我们能够退后一步看，注意到自己的思维习惯。再引导能开启我们新的意识境界，使我们超越以往割断自己与现实之间联系的习惯性的主客体二分法。但我们很容易陷入对这种新意识境界的执着，也许是因为它很惬意，也许因为它很讨厌，也许因为它很新奇，或者只是因为它感觉很“对路”。不管什么原因，这种执着都会让我们脱离当下。而不断地放下，即能让我们保持当下意识。

开发放得下的容纳力，会让我们对正在生成的现实保持开放，保持佛教和其他冥想传统中所说的“无缚无着”的状态。佛教理论中有两个梵文词汇描述内心的微妙的执着和依附状态：“寻”是微微地“寻找”的杂念，它使我们的注意力执着在我们想要促成的事上面；“伺”是细细地“守候”的妄念，尽管它不是想促使事情的发生，但还是在盼望和执着于某种结果。不管是哪一种执着，都会使我们的心灵出现盲点，或者出现对现实中发生的其他某些方面的抵制情绪。要避免“寻伺”的陷阱，就必须不断保持“放得下”的心态。

当戴维提出坦率而又简明的问题："你能不能帮助我观察整体？"他就已经放下了自己对公司领导力开发项目应该是什么样子的任何期望值。他还放下了对自己在小组里不需要别人帮助的强者形象的任何执着。从某种意义上说，他的话代表了小组全体，并让许多人放下了原来执着的观念。通过放下执着，一种真正全新的局面得以出现。

本原觉知

通过"再引导"，我们开拓了意识疆界，包括最终得到一种对生成中的现实的敏感度。由此，我们得以突破主客体分离的观念，若在此基础上进一步延伸，我们就能达到"放得下"的境界。几千年来，哲学家们一直在探索"放得下"的问题，一些接受采访的人，包括瓦莱拉和加州大学伯克利分校认知心理学教授埃莉诺·罗施，则从现代科学的角度阐释了这种转变。

罗施是研究辨色和色彩分类的著名学者。她揭示了传统的正式和独立的色彩分类概念的局限性，因为世界上根本"不存在孤立的事物"。但是，就在自己的学术生涯达到成功的巅峰时，罗施却开始"情绪低落地四处寻找，并询问自己：'有没有其他方法研究心理学？'"后来这个疑问引导了她对佛教、道教和冥想的研究，并在20年前促使她产生了这样的想法：这些研究可能会"重塑心理学"。

奥托在采访罗施时请她解释自己的观点，即：科学研究要求"智慧的心灵"。罗施回答说，这一要求不仅限于科学家。"企业高管的工作和艺术家的工作没有本质的区别。伟大的艺术家的工作自然源于这种另外的层面，一直就是这样。”这个“另外的层面”是指一种不同的觉知。罗施认为，这种觉知的基础是“内心与外部世界不能分离”的观点，佛教中“没有自我的观念，没有独立存在的自我或客体。他们只是相互依赖的关系”。

但人心与世界一体的佛教理论是与西方思想格格不入的。罗施用了很长时间才开发了谈论这个问题的语言表达能力。最终她得出结论：只说“内心与外部世界不能分离”是不够的。她现在区分两种类型的觉知，即：“分析型觉知”和“本原觉知”。

在“认知科学提供的分析型图景中，世界由分离的客体和事件组成；人的心识则被看作一种决策机器，它必须为了了解世界而孤立并分辨那些客体和事件，还要找出对偶然事件的尽可能简单的预测，然后在记忆中存储并连接这些结果数据，以便形成对世界和自我的连贯一致的，但却是间接的再现和表述，从而通过对这些表述的回忆来完成唯一的价值创造，即：以成功进化的方式进行繁殖和生存活动”。[2]

与此相反，“本原觉知”源于“各种相互连通的整体，而不是孤立的、偶然发生的局部事件；它源于超越时空的直接呈现”，而不是储存的东西的“再现”。“这种觉知是开放性的，不是确定不变的，而觉知活动本身就带有内在的无条件的价值感受，而不是有条件的有用性。”罗施说。从这种觉知引出的行动，是“自发的，而不是决策的结果”，是“富于同情心的，因为它基于比自我更大的整体”。[3]

罗施告诉奥托，所有这些特点：超越时空、直接性、自发性、开放性、无条件的价值感受，以及富于同情心，都是同时发生的。这种同一性，就是“自然的状态”，就是“本源”。[4]

“它就是‘心中之心之中心’。当我们连接到这个本源时，各种东西都越来越归于一条道路——在那里，目标、身体和心灵合为一体，而不是各奔东西。”罗施说。

按照罗施的理论，本原觉知之所以可能，是因为内心与外部世界本来就是同一个场中的不同方面。一旦我们与本源连接了，感知就“从整个场中出现。现代科学中最接近于描述这个现象的语言，我认为就是‘场’的概念。

“试想，所有正在发生的事，都是从这一深层的、有觉知的心底源头随时升起的即时的呈现。藏传佛教讲空性、光明和觉性能力，三者密不可分。从某种意义上说，那种觉性能力实际上就是场自身的觉性，或者说，是这种更大的背景的自我觉知。”

问题在于我们大多数人一生都沉浸在分析型觉知中，主体（“我”）和客体（“它”）处于隔离状态。分析型觉知并没有什么不好。它对许多活动来说都是有用和适当的，比如和机器打交道。但如果它变成唯一的觉知方法，那我们就会到处滥用它。

如果我们用分析型觉知的方法来与生命系统打交道，那就一定会出问题，因为生命场“对自身没有觉知”了。“对自身没有觉知的场，就会塌陷到主客体分离的单一维度的知觉里；这也是我们在世界上来去匆匆的行为模式。”其后果是，我们的行动没有得到整体信息的支持。罗施认为，正是这种与本源连通的匮乏，“或对其无知的状态，使我们陷入了糟糕的困境之中——个人、国家和社会文化都是这样”。

陌生的自我

用罗施的话说，当生命场达到“自觉”时，我们对自己身体的“局部小我”的认同感就消退了，而一种更大、更具生成力的自我的感受就出现了。这不是说个人的意识消失了，也不是说，对局部小我认同的消失，会导致个人责任感的消失。但会有一种“意识中心”的转换。这就是戴维所说的“自身达到这个不同的境界”的转换。

我们采访的人都会用不同的方式来描述这种自我意识的开拓或“去中心化”的经历。瓦莱拉用“虚拟”或“脆弱的自我”来帮助我们“更好地了解作为主体的自我”，更好地体验我们个人的、主观的观点。他认为主体“不是一个稳定、可靠的独立实体”。为了应付不断变化的情况，自我在不断“更新或再造自己……所以说这种虚拟性不仅意味着没有中心自我的存在，还意味着一种不断生成和消亡的‘脆弱的漂流’”。

瓦莱拉解释说，这个过程就好像不断重新塑造你自己，使自己在每一时刻都变得看似更真实。“但你知道，不断变得看似更真实，其实是一个悖论，它意味着变得更虚拟化，并因而更缺乏独立的实在性和确定性。”

他进一步补充说：“有智慧的生活就意味着不断放下自我，并让自我的那种虚拟性或脆弱性显现出来。和一位真正完全掌握这种能力的人在一起，你就会受到感染。和这样的人见面，会引起你的共鸣。你会很放松——这种生命状态有一种轻松愉快的内涵，有那种生命的愉悦。

“修为完美的人会不断地体悟当下……就是常处于事情正在发生的当下时空。但如果有个小我在那里说，‘啊哈，我正在体悟当下呢’，那就显然不能达到这种状态。”

研究20世纪日本著名禅学家西田几多郎（Kitaro Nishida）[5]的学者大桥良芥（Ryosoke Ohashi）曾用“陌生的自我”来描述小我消失后出现的情况：“一种陌生的东西在支撑着我的存在。”东方传统往往把这叫“空无”：“这种空无在支撑着我的存在，以及我的所有关联。”但“在基督教传统的词汇里，这个绝对的陌生的东西也可以说是上帝。上帝与我同在，尽管西田几多郎并没有直接用‘上帝’一词。而那个非常陌生的东西就在我的自我里”。

斯坦福大学的迈克·瑞认为，这种自我感受的转变对创造性至关重要。他坚信，帮助学生开发深层创造力源泉的关键，在于以下两个问题：我的‘大我’是谁，以及我的使命是什么。瑞指出，当我们谈论“大我”时，“就指向更高的自我，也就是自己的神圣本体，最高的未来潜能。而问‘我的使命是什么’，就是在追问生命的志向目标，或自己生存的意义或天命”。

瓦莱拉补充说，去中心化的自我，就会自动转变与他人的关系。“脆弱的自我主体越能疏散开去，同情心就越发广泛……于是就打开了空间，来装下对他人的关爱。在去中心化的状态下，“他人变得更近了。团结友好、同情关爱，以及各种不同的相互关系的品质，都在去中心化里出现了。对我来说，那是宇宙给予我们的伟大礼物。因为我们并非独立的实在，不是私密和以自我为中心的人，我们也就更接近我们的真实自我……（那是）既有你，又有我。不是仅有我，而是一种‘我们整体性’”。

去中心化的自我的诞生，并非没有任何问题。因为常态的局部小我是我们理解自己经历的方法，超越这个小我就会带来深刻的迷失感，而且在发生这种经历的时候，又很难用语言来描述。局部小我会发现很难把握去中心化的、脆弱的自我，并会试图把它降低到自己的标准上。即使有人试图用语言描述，也仍会感到很困难。在最初那次领导力开发项目设计研习营之后很久，戴维对约瑟夫说：“我和许多人谈到在那种不同的状态下的感受，身体上的感觉，耳朵里有声音，意识高度清醒，周围一切似乎都放慢了。别人和你谈话时，你能看到对方心里的想法，大家的谈话好像是一个整体。

“当我和别人描述这些经历时，就会发现对方身体在明显震动，因为他们也回忆起自己的经历，并会说‘没错！我也有过这种经历！’那么他们为什么要回避？因为他们不知道如何描述它，或者因为害怕。这像是那种‘骗人的把戏’，但这又的确是我们的经历。我们只是害怕打开这扇窗户，因为别人可能会说三道四。”

服从于承诺奉献

当局部小我对自己意识的禁锢得到松绑以后，就会有一种瓦莱拉所说的“注意力的质变”，即“从‘追逐’转变到‘由它自然来’或顺其自然的‘拿得起’”。这里，“放弃控制欲”会演变成约瑟夫所说的“服从于承诺奉献”，即从自己的深层志向目标出发的、与整体大局协调的行动基调。

约瑟夫和奥托采访企业家时，请他们描述了自己创造历程中的深层体验，特别是为什么在各种逆境中能够锲而不舍。他们都回答说，自己感到被推动着、不能不继续前行，不可能“不做”。这种回答揭示了与通常意义上的意志力推动有所不同的承诺投入状态。

理解这种穿越针眼的方法之一，就是把它看成是从“感知”开始的、自我与外部世界关系转换的延续。我们从U的左侧开始下行时，会把外部世界看成某种既定的东西，某种“外在”的存在。逐渐地，我们会转变感知方法：到现象背后的生命过程的内部去观察。然后，从U的右侧上行时，我们会经历通过我们自己而呈现的现实世界。在U的左侧，世界先是“外在的”，后来是“外在生成中的”；在U的右侧，世界是“通过我们而生成的”。在左侧下行时，自我是外部世界的旁观者，世界是过去历史的创生物。而在U的右侧，自我变成从中生成未来的活水源头。

在U的底部发生了从一种状态到另一种状态的转变。这是个神秘的现象。这种自我与世界的关系网的倒转，不能简单用语言来表达清楚，而且大家对它也会有不同的经历和感受。这种经历包括像奥托家中失火而导致的一种“释然和自由”的感受；像彼得对“我就是听众，听众就是我”和“某种宝贵的礼物将呈现给我们”的经历；像贝蒂·苏感到出现“早已存在，但仍未创造出来的设计，自己以某种方式也成为其一部分”的经历；以及像约瑟夫的“深层的心灵开放”的经历。

这些都是体悟当下的第三个动作层面经历的例子，即如奥托所说的：当下体悟“正在通过我而生成的现实”。这个陈述中蕴含着正在生成的现实的意愿，并与罗施的另一段陈述相互对应。作为有长期学佛和修道经历的修习者和冥想者，罗施说：“如果你能顺着自己的本性走，当本性动时，你跟着它动，跟着它走足够远，真正放得下一切，那么你会发现，你其实就是那个本命元神，或原始自然……本命元神有知也有行，还有自己的行事方式，其实还有自己的伟大意愿。它是会这样做的，如果你能顺其自然——拿得起的话。”

引用道家本源的概念，罗施说，“这个意识知觉，这个小小的闪光，完全独立于我们所知道的一切重要的事：我们的辉煌成就或碌碌无为，甚至生或死、醒或睡的状态，等等。这个想象的世界其实是从那里放射和展现出来的。这就是事情发生的方式。因而，行动也就变成支持整体的行动了，它包含一切，也成就一切需要做的事”。

从连通“本源”而发出的行动似乎“没有有意识的控制，甚至没有感觉到‘我’在做。它是整体的自发的产物”。而这种行动，用罗施的话说——“可能惊人地有效”。[6]

| 第8章 |

婚礼

2001年5月

接下来几周的时间里，我们一有机会就谈论U形底部的神秘转换经历，特别是在集体中发生的转换。

一天在枫树街会面时，奥托讲起几年来他和同事乌苏拉·维尔斯蒂根（Ursula Versteegen）在德国法兰克福北部美因河地区做的医疗卫生项目。这个地区有30万人口，其医疗卫生服务是在德国政府卫生部监督下由多样化的私营卫生机构提供的。乌苏拉和奥托的合作对象是一个医生网络，他们想通过创新来改进急诊服务质量。和世界各地的卫生行业一样，这个网络也承受着降低成本和提高服务质量的巨大压力，但在这些难题和障碍背后，则是更深层的问题：他们的目标究竟是什么？他们只是“修补病人”吗？还是真正关心人们的身心与情感健康？在今天这个紧张忙碌、充满压力的世界里，这还有可能吗？

*　　*　　*

“在项目的第一阶段，我们采访了130多名病人和医生，主要聚焦在医患关系问题上。”奥托回忆说，“然后我们邀请被访者来参加一次周末研讨会，对采访结果进行讨论。研讨会在当地首府的一所历史悠久的学校里举行，参加者接近100人。

“我们把采访结果分成比较容易让医生和病人理解的四个层次。

“第一个层次的医患关系就是简单的交易型关系。如果我是一个需要接受外科治疗的病人，医生就像是一位机械师，修补我的外伤破损处。所以，比如一位受访者说，‘我是带着故障问题来的，那他就必须解除我的故障问题。我的角色是我想要获得帮助，而我的医生的角色是提供这个帮助’。

“第二个层次是一种不同的关系：聚焦点不仅在故障问题，而且还包括它与行为的关系。在这个层次上，医生与病人的关系不一样了，因为我作为病人，必须改变我的行为。比如，医生会给我一个节食方案，或者一个‘能做’和‘不能做’的列单。一位病人问：‘非要有药物治疗吗？’不是，对我来说不是。我希望得到的建议是：这和你的态度关系很大——你必须改变你的行为，必须对自己承担更多的责任。

“在更深的第三个层次上，医生可能会帮助病人反思：为什么病人会有那样的行为？在这个层次上，医生像是教练，帮助病人建立反思的氛围，以检查病人行为背后的观念假设。另一位病人告诉我们，‘如果你不把生命当成礼物，那你就会生病——然后你就会因病被迫进行反思’。许多人都告诉我们，‘是啊，我以前没有意识到生命的重要，只认为它是理所当然的’。

“最后，在几个案例中，我们还看到了第四个层次的关系。开始时我们也不知道该怎么描述这种关系。它好像是关于‘我，作为病人，到底是谁？作为人，我到底有什么独特的地方？’在这个层次上，真正的变化可能是要求放下旧的认同感，并进入新的认同。这个层次的医患关系是相互影响并相互产生脆弱性，双方都会以开放的心态去发现自我。比如，有一位病人说，‘我这个人从来不生病。但后来突然得了癌症。我曾经到哪儿都很活跃，爱和大家娱乐，也努力工作，参加各种工作小组和委员会，并且忽视自己生病的事实。直到56岁我才学会说“不，我得推掉这个活动”。在那以前，我一有机会总是会参加各种活动。我总是能支撑这些忙碌运转。我甚至没有意识到会在健康走下坡路和生病时失去自己的认同感。现在我不再关心我的未来了。对我来说只有今天才是重要的，就是当下、现在’。一位医生说，‘有时候我真感到自己做出了贡献。但这不是在我仅提供处方或修补什么毛病的时候，而是在高质量的对话中，我和病人都看到某种真正新的东西，真正有康复力特质的东西’。

“在那次周末研讨会上，我们把病人分成小组，以讨论这些层次对他们的意义。然后我们给他们一些颜色标签，请他们把红色标签贴在他们个人经历过的现行系统中的医患关系层次，再把绿标签贴在他们想看到的关系层次。投票结果是：95%以上的红标签都在第一和第二层次上，而95%以上的绿标签都在第三和第四层次上。这个结果显现出来时，房间里变得非常沉静。

“我们跟大家说，作为病人和医生，几乎所有人似乎都希望看到一样的情况，即在第三和第四层次上的关系，然而他们集体的行为结果却是第一和第二层次。‘但是，’我们告诉他们，‘系统不是外部的东西——你们就是系统，系统是你们促成的。’

“这时，房间中央有一位先生站起身来。他就是那里的市长。他说他在市政府里也遇到一样的情况。他们做的都是在第一和第二层次上的事，即用反应式的应急方法修补故障，他们无法把政治管理推向第三和第四层次。

“市长坐下以后，一位女士站了起来。她说她是学校里的教师，而那里的情况也完全一样。她说他们所做的都是在第一和第二层次上组织学生学习，‘把死知识灌输到空木桶里’。他们无法激发学生的深层次的觉知，无法开发学生对自己是谁的觉悟意识。在这些深层次上的教育不是把空桶灌满，而应是‘点燃火种’。

“再后来，一位农场主站起来说，农业的情况也是一样。‘我们做的就是把化肥填入土壤，修复我们认为缺乏的土壤养分，以得到我们想要的产量。’他说到整个常规农业的模式和心态，是用工业时代机器输入输出的生产观念对待土壤而产生的结果。‘对土地没有深入的理解，对和土地打交道并提高土壤质量的需要，没有深入的理解。但土地是活的东西：它有自己的生命。’他问道，我们如何才能让人们和土地共同创造我们需要的食物，而这在今天是无法实现的。‘我们不把农场看成是一个有生命的整体，是一个生态体系，而把它看成是第一和第二层次的机器。’他陈述道。

“这就是那天上午整个会议的讨论。一个接一个的发言，逐步形成一种巨大的集体心态的重塑——不仅是对个人，还对整个社群。”

奥托停下来。

“奥托，”彼得说，“你描述会议小组看到那些红绿标签的时候，我几乎能感觉到你故事里下一步会发生的事。我最熟悉的情况就是你所说的房间里的沉静。然后，当大家一个接一个发言时，我几乎能感觉到一种场在形成，它凝聚了每一个人的能量，还有所有的问题，并且逐渐显现了其深层生成力源头的作用。”

“我喜欢你的形容，”奥托回答道，“即在这类场合中，你感觉到有一种场在聚集每个人的能量。那正是罗施所说的‘自我觉知的场’在‘按照自己的自然本性演化’。那个房间里很显然发生了某种转变。很难准确地说究竟是什么，毕竟‘只有’100人参加了会议，但你能够感觉到有一种更大的系统在当下呈现了。”

彼得点头赞同：“而那个更大的系统其实包含着许多人类历史。这种新觉知的包容性会让人惊异。它远远超越了卫生系统。大家站起来发言的时候，基本上回溯了社会各类系统的历史。大家先谈到卫生系统，那相对近一些，然后就谈及存在时间更为长远的政府和教育系统，最后是历史最悠久的人类发明，即食物生产系统。那种在第一和第二层次运行的根本模式，不仅出现在当前卫生系统的各个层面，而且出现在现代生活方式的大多数领域。在讨论改善特定的医患关系这样非常具体直接的问题时，这种‘事情的整体’竟然魔术般地出现了，这让我感到惊异。这肯定就是歌德所说的：整体‘在局部中当下体悟自身’，并使深层模式通过‘具体的细节’而自动显现出来了。”

“对我来说，这显示出那个社群的聆听深度。”贝蒂·苏说，“我们对特定的系统和我们自己在系统形成中的作用‘看’得越清楚，也就会对这个特定系统与更深层的大系统的对应关系看得越清楚。

“但奥托，这个故事揭示了一个我一直在苦苦思索的问题：在U的底部究竟发生了什么？U的下行段是放缓、进入沉静状态，以便真正去感知或吸纳我们周围发生的事。而U的上行段则都涉及把新的东西变成现实，实现收获和共同创造。很显然，两者之间的重要转换，就以某种方式在U的底部发生了，而我在你的故事里还看不到究竟发生了什么。你进行采访并召集这些医患受访者开会，帮他们每个人感知实际发生的事。他们开始看到了整个系统，即无处不在、根深蒂固的顽疾。他们还开始看到自己在形成这个现有系统中的作用。

“至此，你仍然无法看清‘想要呈现’的未来，而只是现有的整个系统，完全基于过去历史的系统。那么，从某种意义上说，此时大家仍然是在看着过去，对吗？”

“对，是这样。”奥托回答道，“但你的问题让我想起当时发生的其他事情。当时大家都看到了自己在第一和第二层次而不是第三和第四层次上的行为，而且不仅是在医患关系方面，而且在各个领域，于是一位女士坐直身子和在她前面发言的一位医生说，‘我觉得我必须保护我的医生，不让他被这个系统置于死地’。

“你们知道德国医生的心理，他们对解除病人痛苦有很高的志向和抱负，但自己身处其中的系统使他们很难实现这种抱负。他们感到很痛苦，因为自己所做的事和自己的志向相距甚远。而病人也在经受痛苦，因为医生往往提供很差的服务。这位女士在激发那位医生在医患关系方面的崇高志向。那段话简朴真挚，给当时的对话打开了一扇窗户。现在回想起来，我觉得她的话是对整个系统未来的运行模式的窥探。那一刻是那个集体能量场的转换，从揭示整个体系的现行模式，到发现正在呈现的未来可能性。”

“所以说，她或者她的话，就成为正在呈现的全新未来可能性的‘一部分’。”贝蒂·苏说，“换句话说，在U的底部，未来潜在可能性的精要，就在我们当下的相互关系中开始变得真实起来了。”

“对，在U的底部，随着大家当下自发地产生了新的生命状态，你就开始看到想要呈现出来的未来。我们对此都有自己的体验。对我而言，如果我处在一个正在跨越U的底部门槛过程的社群能量场中，我就会感到好像身处一个新世界的降生过程中。这是一种深度沉静的体验，因为我好像是被一种永恒的美所感动着。我的高层大我打开一个深层开放的窗口。从这个深层开放的窗口开始显现出来的东西，启动了‘上行’运动。”

“而此刻所发生的，就使一种新奇性凸显出来了。”贝蒂·苏补充道。

“是的，”奥托回答道，“而且在此时把宏大的志向转变成具体的愿景和行动，其实会相当简单。愿景不一定要十全十美，只要它足以推进工作即可。

“比如，那天晚些时候我们说，‘好了，大家都看到了我们在第一和第二层次上的行为。那我们该做什么才能提升到第三和第四层次？如果没有什么建议，我们就要结束这次会议了’。

“很快，大家就开始提建议，到了下午会议结束时，有好几个小组已经承诺共同开发的工作。他们建立的项目包括一个高度创新的急诊服务系统。在那次周末会议以后的4年时间里，这些项目对该地区的卫生服务发展做出了重大贡献。我最近和一位当地卫生服务机构的高管谈过话，他并没有参加那次周末会议。我问他，为什么许多专家认为很好但却不太可能获得成功的行动建议，最终竟成功了。他说因为有高度投入的核心团队，由100名医生、专业人员和病人组成，他们的意愿的深度和思想质量随着时间推移而放射出穿透力，影响了‘系统中所有决策者的意识状态’。

“当然，在起初那次周末会议上，还无法看清和预见这些，但你是能够感觉到那种宏大的志向和意愿的现场存在的。”奥托补充道，“那次周末会议结束后的第二天，乌苏拉和我，还有医生的核心小组又回到学校的教室去清扫会场。虽然没有人通知，有些头一天参加会议的病人也来帮忙了。就像是一场盛大派对过后的早晨，大家再聚到一起，虽然疲惫却兴高采烈，不管再发生什么都能马上重新投入。

“有了大家的帮助，我们提前完成了清扫。有人端着咖啡杯子在学校门口大树旁边的一张椅子上坐下来，享受明媚的阳光。另一位也拉过一张椅子加入进来。很快，大家就都坐下来了，围成了一个圆圈。有人主动要去厨房拿剩下的东西吃。他们回来时，烧烤架已经准备好了，我们就一起分享了一顿即兴午餐。

“我问身边的一位女士，对前一天的会议有什么看法。她说会议使她很受感动。

“什么使你感动？我问她。

“‘嗯，从某种意义上说，我感觉昨天像是一场婚礼。’她回答说。

“婚礼！我很吃惊。她用非常准确的词汇表达了一种很微妙的体验，而我还一直没想出来如何表达这种体验。那天还真就是一个大行业中的两大分离元素的结合，即在卫生系统中的医生和病人的结合。在某种程度上，会议加强了双方的力量，并为每一方开启了新的可能性。我回身看着那个婚礼场地，一时间感到时空放缓了，好像有一束很大、很温暖的光线照在我们的头上和四周，并把我们连接在一起。那是心与心的连接，也是大脑和大脑的连接。这束缓慢、放松和安静的光线的出现，比任何语言表述都更真实。”

我们一时都安静不动。然后约瑟夫说：“许多接受我们采访的人都描述了类似的经历，这让我很惊讶。也许，经过U形底部的过程就包含着体验生命本身的不可思议之美，以及重新陶醉于这个世界的感受。

“你说话的时候我就在想，U的下行段和底部的体悟当下之间的区别是，在下行时的观察和悬挂观点的过程中，我们的意识状态还局限在当前的场境。而呈现当下则使我们开放并连接到背后更大的能量场，超越了现存，并激发出这种伟大的力量和不可思议之美。”

“但看似矛盾的是，这恰恰要求我们做内观，而有时我们的团队集体并没有准备好去这么做。”奥托说，“U的下行经历并不一定保证你的上行。有的团队碰到了死胡同，无法停止在身外寻觅和观察‘外部’世界。他们必须像约瑟夫说的那样，从高层的自我和远大的志向出发去观察和思考，因为在那里，你总是对‘你是谁’和‘你的使命是什么’保持着清醒的意识。”

“而当你那样去做了，当你发现了你在这里的使命，那自然的力量也会来帮助你。”约瑟夫说，“于是，你完成了U的上行段，许多事情都会发生，帮你实现你的目标，包括你原本不可能期望完成的目标。当你处在这个状态时，不知为什么，你就不再孤单了。我认为这对集体和个人都同样适用。”

“这里会发生所有神秘的、不可思议的事。”贝蒂·苏笑着说道，“当你看清你在这里的使命时，世界会以一种魔术般的方式与你的目标相呼应。就好像你突然发现自己出现在舞台上，而戏剧的脚本也恰好是特地为你而创作的。”

第三部分　成为自然之力

Presence:
An Exploration of Profound Change in People, Organizations, and Society

| 第9章 |

在梦的走廊中

2001年9月

我们再次在枫树街会面是9月初，但那段间隔并没有什么影响。我们在反思夏天的经历时意识到，我们一直在探讨的感知、呈现当下和实现收获——即促成“依赖于我们的未来”，当时也正在我们自身的实际生活中发生着。我们所在的“U的上行段”，正在开始把我们吸引到有非凡能量的地方，让我们遇到意想不到的伙伴，也开始让新动议的种子破土发芽。我们还意识到，实现收获要求不断的感知和体悟当下：随着新伙伴的不断加入，随着周围世界的不断发展，随着我们自己意识的不断演进，U的下行段的核心容纳力就更显得至关重要了。

后来，我们的话题转到了6月底、8月中和8月底的三次会议上。它们虽然是分别筹划的会议，却成为同一个发展演进过程的组成元素。6月，彼得和约瑟夫在马萨诸塞州马波海德（Marblehead）殖民时期的一个捕鲸村，与SoL网络的一组企业组织高管进行了长周末反思对话。6个星期之后，他们两个又在佛蒙特州的斯托镇举办的年度SoL高级领导深度会谈（ECW）研习营上再次会面。暑期末，奥托和约瑟夫在科罗拉多中南部约翰·米尔顿的圣地托拉斯（Sacred Land Trust）与卡汉、阿瑟和其他几位同事一起聚会，进一步澄清了暑期形成的愿景。

*　　*　　*

“我们在马波海德聚会是为了评估SoL全球网络的发展情况。”彼得告诉奥托和贝蒂·苏，“许多SoL的创始成员都参加了，包括我和约瑟夫，还有正在其他国家建设学习型社群的新成员。只有一半的参会者之前相互认识，但大家都有建设学习型组织文化的经历，因此有很深的共鸣。这种共鸣强烈到使大家很快就进入了开放的深度会谈，内容不仅涉及他们各自对正在SoL网络中发生的事情的感知，还包括了世界上发生的事。”

“那些开放的深层对话极具震撼力，”约瑟夫应和道，“每个人都直接表达了发自内心的深层的恐惧感。他们讲到‘我们生活在一个史无前例的时代’，在对‘规模大如帝国的公司’及其全球化的抵制气氛中，他们第一次感到了‘恐惧’。开始发言的一位说，‘我们常常谈到全球经济活动的参与者和局外人之间的信息鸿沟。但这只是用来谈论真正的差距的一种委婉方式，这个差距就是在富人和穷人之间不断加深的社会鸿沟’。

“另一位说，他的高管层现在非常担忧，而且‘其实是非常恐惧。世界上的大多数人生活在贫困状态中：世界正在陷入两极分化。如果社会鸿沟不断加深的状况不改变，全球经济就不可能持续发展’。”

“他们都感到我们当前局势中普遍的不可持续性。”彼得接下来说，“我记得有一位说，公司高管们对自己异常危险的处境感到沮丧，他说这就好像是在玩国际象棋的危局，‘每走一步都生死攸关，局势随时有可能急转直下，变成定时炸弹。这种感觉很可怕’。

“还有一位谈到‘华尔街公然的不可持续的要求’，即：所有上市公司都必须不停地以最快可能的速度增长。另一位说，‘我们都知道这不可持续。但如何来重新定义企业的增长，才能使它与自然和生命协调一致？’”

“轮到我开场破冰发言时，”约瑟夫说，“我吃惊地发现自己不自觉地复述了我在下加利福尼亚半岛参加活动结尾时关于世界现状的发言。我说了安魂人类的情景假设，以及它为什么有着重要意义。‘假如我们意识不到我们的困局的严峻性，这就可能成为自证预言。’我跟他们说，‘但如果我们能意识到，那我相信，在我们这一代人的时间里就可能发生根本性的整体变革’。”

“那次开场破冰对话，成为其后两天活动的基调。”彼得接着说，“好几位参会者都说，他们感觉就好像被呼唤而来到马波海德，以开诚布公地说出自己观察到的世界现状。会议结束时，大家决定起草一份联合宣言，以便回去和各自的公司分享自己的担忧。他们想让公司同事看到其他领先跨国公司的同人对世界现状的感受和思考。”

“我在SoL网站上读到了那份宣言。”贝蒂·苏说，“我感到很吃惊，他们竟然能用如此坦诚的方式谈论这些问题。我常常担心，随着恐惧和不信任情绪的增加，积极合作探寻未来的可能性在减小。而至少这些大公司的人还能公开讨论这些复杂问题，这让我深受鼓舞。”

彼得点头说道：“他们能如此清晰地描述这些问题，对目前情况的紧迫性感受如此之强烈，我也感到吃惊。公司的高管都是非常实际、掌握信息很全面的人，当他们把这些问题提到重要位置时，就预示着某种新变化已经在发生了。

“那次会议之后，我已经和许多团队分享了马波海德宣言。[1]几乎每个人都产生了共鸣。宣言文字不是那种出自公司人力资源部或官方圆桌会议的风格，而是一群相互信任的伙伴自内心深处发出的坦诚的声音。也许，让各类领导者之间做到坦诚沟通，其实就是当下最紧迫的需求。

“他们最后写下的宣言包括以下内容：‘这类复杂的、相互依赖的问题对战略环境的影响正在不断增加。然而，这些问题所造成的压力，却正在使领导者们陷入不停的“做事”模式里，很少或根本没有反思和真正思考的时间。我们认为，领导人聚会并真正“共同思考”，真正进行“深度会谈”，这种需求现在比以往任何时候都大。只有通过创造这样的机会，才有希望建立共识并协调创新行动——这些都是世界急需的。’”

马波海德宣言

一组重要问题的议事日程自然形成了，它正在塑造未来，尤其是跨国大公司的未来。

- **社会鸿沟**：相互依赖程度不断增加的全球经济活动的参与者和局外人之间的不断扩大的差距。

全球化85%的利益被15%的人口占有的局面还能持续多久？

- **重新定义增长**：用不断增加物质的利用和废弃来定义增长，与世界的有限性相悖。

在同一个盒子里堆积废弃物还能持续多久？

- **多样性和包容性**：在文化多样性不断增加的组织里，提高包容性就是一项核心竞争力。

"我们"是谁？

- **吸引人才并激发其潜力**：要在"自由职业者"和"志愿者"人才丰富的世界里开发一种承诺投入精神。

我们承诺投入的到底是什么？

- **公司的角色**：传统公司，特别是跨国公司的角色必须拓宽，以与其影响力相匹配。

社会究竟期望我们承担什么样的责任和义务？

- **系统看清自身**：在社会系统中形成协调力和凝聚力的挑战。

我们的前瞻能力在下降，如何才能停止加速向前？

2001年6月

“我觉得，越来越多的人相信，目前的全球化过程存在深层次的弊端。”奥托补充道，“而身处全球性组织并能看清这些弊端的人，仍然只是少数。所以，对这些问题进行共同思考所必须具备的信任和安全环境，仍然很脆弱。”

“的确是这样。在如何思考全球资本主义体系和我们之间如何相处这两方面，商业界的鸿沟已经出现。”贝蒂·苏若有所思地说，“7月底，我和亚当一起主持一个会议，我们对此有很强烈的感受。

“那是一组高管，他们这个团体的同质性比你们在马波海德的要更高一些。其中只有少数人有组织学习和深层变革方面的丰富经历。因而可以说，他们更代表企业界的主流。会议的主题是可持续发展，每个人都是真心聚到一起，也都想合作，但他们在‘共同感知’和开诚布公地探讨核心问题时却遇到了障碍。

“例如，有一天，一家大型跨国公司的董事长在晚饭后谈到了他们公司对可持续发展的承诺投入。随后，我们几个人围坐在一张小桌子旁，听一位很成功的非洲企业家评论说，他完全不能接受那位董事长的说法，因为从他在自己国家里经历到的那家公司的运作模式来看，董事长的说法与事实不符。当我们几个人建议他向全场提出这个问题时，他却说那不行，因为那会带来‘危险’。

“而我觉得，当时最有代表性的一幕，是世界上规模数一数二的大公司的一位董事自发地宣布：他对全球资本主义的现行框架能否适应新现实深表怀疑，‘我深信，必须要进行深层变革’。他说这话时，我几乎能感觉到房间里的一片死寂。没有人知道该如何回应他的话，特别是那些其实不想考虑现行体系的改革方案的人。结果，没有一个人回应他，那个话题也再没人提起了。”

“毫无疑问，我们最需要的就是让身居要职的人有安全感，以完成U的下行过程。”奥托说，“没有完成真正有深度的感知，以及对更高层的大我的开放，就根本不会发生真正的创新行动，这一点儿都不奇怪。每个人都陷入自己的心智模式中，都只根据自己的‘程序’对周围环境采取行动，或者其实只是做出‘反应式动作’。”

“观之以心要求心的开放，”约瑟夫说，“大家在马波海德做到了这一点，但当风险太大时，做到这一点就很难了。”

“人与人之间，以及人与这个世界如何产生真正的连通感，其实就是全部问题的核心。”彼得应和道，“没有这种连通的体验，真正的感知和体悟当下根本就不可能出现。

“我还认为，不能低估场地选址在这里面的重要性。像马波海德这样的地方仅去待一待，就是一种震撼心灵的体验。我们需要重新发现神圣庄严的场地的重要性，那些地方有很多生命能量场，给人以连通感的潜力很大。我们的高级领导深度会谈ECW研习营在佛蒙特州北部一个特殊的地点举行，也正是这个原因。

“研习营实际上是在一片美丽的空地中央的大帐篷里举行的，四周只有山林树木。一次研习营结束时，我和西水美惠子（Mieko Nishimizu）坐在一起。她是世界银行主管南亚事务的副总裁。谈起自己协助组织过的各种有政府首脑、财政部长等高官参加的会议时，她说：‘大家往往责怪此类会议无法产生有想象力的、大胆的行动计划，但只要你看一看会议背后的过程，就能理解为什么会这样了。’然后，她又谈到自己印象深刻的一次特定的会议，于是她看着四周，沉思片刻后说，‘要是我们当时在这样的地方开会就好了’。”

“那正是我们几周前做过的事。”约瑟夫抢先插话道，“多年来，我一直参加卓越管理领导会谈，一直有很震撼的体验。但这一次又有了不寻常的经历，肯定是一种特殊的场。”

“你们佛蒙特的这个场究竟有什么神奇之处？”贝蒂·苏问道。

“嗯，要了解这个，还需要先了解一点儿历史。我认为，历史对理解神圣场所的形成是必要的。”彼得回答道。

“我们的帐篷设在冯·特拉普（von Trapp）家族的空地上，周围是绿山山脉（Green Mountains）。那里有一种特殊的宁静和安详，每个人都马上会感受到。冯·特拉普家族从奥地利逃离纳粹追捕的故事，已经由百老汇音乐剧和电影《音乐之声》的传播而广为人知。但他们在美国的生活却较少有人了解。

“他们于1938年来到美国时，既无家产，又没有财物。于是他们在好几年时间里奔走于美国各地，举办巡回演唱会，逐步有了积蓄才定居下来。在他们到过的所有地方里，他们最喜欢佛蒙特北部地区，因为那里让他们回忆起家乡萨尔茨堡。1943年夏天，他们在小城斯托看房子，却没找到他们能买得起的地方。距离他们回程火车票还剩一天时间时，孩子们决心在离开前找到房子。

“‘我们在旅馆的杂物间——那是我们当时住的地方——搭起一个小礼拜堂。我们连续祈祷了三天三夜。’现在已经90多岁的玛丽亚笑着回忆道，[2]‘我们每个人，总共8个孩子，从3岁到25岁，轮流祈祷，每人一小时。你能相信吗？

"'到了要离开的那天早上，爸爸已经出门准备出发了。可他回来时告诉我们，当地的一位农场主决定要卖掉他的地，于是我们马上就去看地。我们坐车到那里，从车里一出来我就知道，这就是我们未来的家。我们当天就买下了那块地。'

"玛丽亚是个目光炯炯的非凡妇女，她梳着一种在今天的奥地利农村仍然流行的辫子。来美国后，她成了一名传教士，在巴布亚新几内亚度过了30多年时光。我告诉她说，大家都被这个地方的宁静和美丽深深打动。她并没有表示惊讶，只是平静地说，'我们买下这块地时，就为它祝福了。我们把它献给了上帝。这个大家能感受到'。

"她的故事提醒我，自然创造的神圣场所也可以得到人类付出的贡献，比如激动人心的沙特尔大教堂和史前巨石柱，以及简单的乡间田野。"

"对我来说，佛蒙特的研习营有独特的意义，因为我们把神圣场所提供的力量真正发挥出来了。"约瑟夫说，"我在马波海德会议结束时就知道，某种新的东西已经形成。我在下加利福尼亚体验到的紧迫感又一次得到了加强。我并不确切地知道这如何变成行动，但我强烈地觉得那很快就会出现。

"今天开始时，彼得读了几段我们刚才介绍的马波海德会议上的发言记录。那次的交流很快就自然进入探讨大规模应对这类挑战所必需的变革，并连续3天一直保持在这个层面上。最后，在结束那天下午，我们分成小组，讨论我们的下一步行动。

"我揪住了5位参会者：一位大型私募基金的董事、一位国际非政府组织的总裁、两位美国政府大型机构的官员，以及一位世界50强企业的公司总裁，请他们参加我这组。我和他们分享了与阿瑟和米尔顿合作的体会，以及我从下加利福尼亚回来以后所经历的那种看似巧合的共时性事件，以及我所得到的那种帮助与支持。之后，他们也讲了自己类似的非凡经历。那位公司总裁一直是实现公司利润业绩的成功典范，但他发现对自己真正重要的、超越其他一切的东西，跟约翰在下加利福尼亚讲的差不多，即：根本改变我们的相互关系的需要，这不仅包括我们相互之间的关系，还包括我们与自然万物的关系。

“两位政府官员介绍了他们的机构里有2 000名高层领导参加的一次会议，那次会议最终导致他们两位参加这次研习营。那种会议从未在他们的机构里举办过，而且据他们所知，也从未在其他大型政府机构里举行过。他们已经从世界级生物多样性专家威尔森（E. O. Wilson）和彼得·瑞文（Peter Raven）那里听到过地球生命系统的现状，这使他们直接面对了关于现代社会的一个主导性假设的后果。这个假设是：相对人类的欲望和需求来说，其他物种的生命无关紧要。

“后来，诗人玛亚·安杰罗（Maya Angelou）分享了她发现自我和从十几岁时被强奸的经历中康复的历程。那是‘观察整体’和宽恕的力量的例子，令人惊异。她告诉大家，‘我后来不得不看到我自己就是我的强奸犯，他内心的愤恨就同样存在于我的内心’。最后她引用2 000年前一位非洲人的话说，‘我是人，人的一切特性对我都不陌生’。彼得的结语说到，这对于开发人的最深层承诺投入有什么意义。之后，这些高管们都说，这就好像是一次‘巨大的心灵开放的经历’。

“我问他们，如何从这种开放经历中，看到自己在开创不同的未来中的作用。他们说，在自己的组织里已经启动了许多局部的行动计划，但还有很强大的维持现状的势力存在。他们来参加这次佛蒙特研习营，就是想看看，是否可以通过与其他组织合作，来促进更可持续的变革。

“我们都以某种方式承认自己经历到的紧迫感。我们不很清楚细节，但形成了一个思想的结晶。我们深信，需要寻找一种方法，以便在商业、政府和非政府部门的组织里，培养能够共同合作的领导者。没有哪一个部门能够单独应对我们面前主要的挑战问题，而这些部门却还几乎没有能力进行创造性的合作。即使是最具善意的领导者，在面对和处理冲突时也通常会加剧意见分歧的局面。我们感到要做点儿什么，于是就同意在10月11日到纽约聚会，开始筹划行动。”

约瑟夫停下来片刻，又继续说道：“我几乎马上就从佛蒙特的研习营飞到了科罗拉多。布赖恩、约翰和我从下加利福尼亚分手后就没再聚会，而且亚当和奥托也要参加聚会，我特别高兴。”

“又到了一处特殊的场所，”贝蒂·苏笑着说，“我很遗憾不能加入你们的聚会，但我很清晰地记得我第一次到那里的情形。约翰成立土地托拉斯的事办得真棒，这保护了土著印第安人传统中的那些神圣的地方。”[3]

“他说这个地方是他所看到的最大的一处。”奥托补充道，“玛雅人的萨满曾告诉他说，他们的祖先曾经从北美和中美洲各地前往那里聚会。”

“第一天，我们很早就吃了晚饭，并利用那段时间让大家相互认识。”约瑟夫继续说道，“我说了这次聚会的想法，那是下加利福尼亚活动接近尾声时形成的想法。之后我又提及后来发生的事，最后介绍了在佛蒙特的斯托镇跨部门领导力研习营上的极具震撼力的交流和承诺。但那天晚上最令人难忘的事，是奥托分享头一天晚上自己做过的梦。”

“我当时觉得分享那个梦很重要。”奥托说，“我做梦很少能记住，但这个梦感觉很清晰、强烈。醒来时，我就觉得我得到了一个重要信息。我必须搞清楚这是个什么信息。

“在梦里，我和一群人一起走路，似乎我认识其中的一些人。我们是和好几千人一起走，好像是去观看重要体育比赛那样。空气中弥漫着期待的气氛，有一种感觉，是某种异乎寻常的事就要发生了。我们走上楼梯，我不知道在朝哪里走，但大家都在朝某个特定的地方走着。快要到的时候，我身边那位漫不经心地说，‘啊，顺便提一下，你知道你要演讲的’。

“‘你说什么？’我问他，‘什么演讲？给谁讲？’

“走到最后一段台阶，他跟我解释说，聚会是天主教堂的世界大会。教皇刚刚去世，教会的一些年轻领导人请我去演讲，主题是在未来数年如何从根本上重新创造和转化教会组织。他们告诉我，那是个特别的开放机会。

“那一刻我们登上最后的台阶，到达一个讲台，我就站在演讲人的位置上，前面是巨大的体育场，大约有8 000人在场。有意思的是，从那个小小的讲台处，我感觉好像能够直接和场上的每个人私下沟通。我觉得自己和场上的每个人都连成一体了。我认识他们，他们也认识我。

“突然间，好像古典音乐会演奏要开始一样，场上数千人的声音一下子降低了，但并没有人主持会场。全场好像都进入了集体静默等待的状态。我当时知道这是我开始演讲的时候了。但我没开始。有什么东西在阻止我。我并没有真正准备好。我还在等待灵感降临，以便知道该讲什么。而且我还在等有人正式邀请我开讲。不管怎样，只有一位我并不认识的人跟我说过我应该演讲。

“我站在那里犹豫着，并惊讶地发现场上的声音又开始大起来了，好像大家意识到了，‘哼，也许今晚根本就不会有什么演讲’。惊恐之中，我意识到接近我真正志向目标的机会正在消失。那一刻，我看到通向我一生征途所追寻的目的地的大门正在关闭。”

“奥托，你的梦令人非常震撼。”贝蒂·苏说，“我一边听一边想，这对我们四人，甚至对我们更大的集体，也是真实的。”

“在克里斯顿（Crestone）聚会的每个人也是这么想的。”约瑟夫说，“奥托说完那段梦之后，大家全都进入一种深刻的沉静状态。我觉得每个人都感到了这段梦境的震撼力。

“第二天下午晚些时候，我们都围坐在室外，天空突然阴云密布。奥托正在讲我们对U形过程的理解：它应如何成为转变领导者共同工作的方式的基础工程。天开始下细雨，然后雨越来越大，滚雷的声音越来越近。

“大家都躲进附近那间四周敞开的厨房，挤在一起。奥托继续讲‘悬挂’和学会观察，雷声越来越响。等他讲到U形过程的核心，即呈现当下的概念时，闪电开始出现在我们四周。闪电之急，雷声之大，让奥托最终不得不停止讲话，并叹道，‘唉，在U形过程的底部，一切都在于静默’。

“我们都静静地坐在那里，一句话也没有。闪电就在我们四周此起彼伏，好像大自然取代奥托说完了那段话。”

“那雷电确实很激烈，”奥托说，“但很奇怪，它并不让人恐惧，尽管很近。几乎能完全同时听到和看到雷声和电光。”

“就在电闪雷鸣的时候，我注意到约翰在微笑。”约瑟夫继续说道，“雷电结束后，我们继续肩并肩坐在一起，我们知道刚刚发生的是某种神圣而有力的现象。约翰终于开口说话了，他说这是‘一种强调示现和真正的祝福’。我们后来得知，他年轻时曾被雷电击中过，对他的精神觉醒来说，那是一次至关重要的事件。

“那天晚上，约翰的朋友萨拉告诉我们，她下午从附近一处小屋里看到了整个雷电过程，她说第一个闪电就在我们聚会处的正东方的小溪对岸，然后闪电就按顺时针方向一个接一个地出现，总共11个。她提起约翰在下加利福尼亚教授的仪轨，说大地母亲为我们做了‘十一方向布施仪轨’。

“最后一天，我们一起徒步上山，走了很长时间。我们看到里约格兰德（Rio Grande）峡谷横跨100多英里，便立刻意识到约翰所说的话，土著人称为‘梦的走廊’的地方，就是这里。我们来对了地方——这里让我们的梦想结晶，并为实现梦想准备了下一步的行动。”

| 第 10 章 |

高远之志

并非所有的愿景都一样。有些愿景永远无法跨越“妈妈和苹果派”（寓意为“十全十美”）的状态，只能停留在“好主意”的阶段，不能产生变革的能量。但另一些愿景却能改变世界。150年前，雨果说过：“一种思想若能恰逢其时，就会产生无与伦比的力量。”[①] 然而，雨果所说的力量却总是难以捉摸，它往往被一个悖论严密地防护着：没有比愿景更私密的东西了，但是，那些最终展现出实际转化力的愿景，却与我们个人并无直接关联。

这个悖论的解决要从U形过程底部的自我意志的转变开始。这个转变的种子是我们摆脱成见和武断，而对现实所做的更清晰的观察。学会看清我们在自己不喜欢却又总在不断重复的现实的形成过程中所起的作用，我们就会开始和自己的“问题”建立一种不同的

---

① 雨果的话通常的汉译是：“世上有一种东西比所有的军队都更强大，那就是恰逢其时的一种理想。”此处是从这里的英文的直译。——译者注

关系。我们不再是受害者了。当我们继续从感知阶段下行到呈现当下阶段时，我们会对可能的未来产生开放性，并问："那我们想要创造什么呢？"但这里的"我们"是更大的"我们"。真正的呈现当下过程所产生的愿景，其实是从"自我觉知的场"中出现的，它是我们发现塑造自己现实的力量时，对正在呈现中的未来的一种责任感的自然流露。从U形底部出来上行时，我们就能接受这种更深广的意向的指引。

相反，许多愿景从一开始就注定要失败，因为阐述它们的人，有意无意间抱有一种无能为力的心态。如果我们确信是别人塑造了我们的现实，那相信我们能创造不同未来的现实基础又在哪里呢？从U型理论看，大多数建设愿景的努力的问题，就在于他们处于"U形左侧太高的位置上"。这时，大家的愿景与大家对现实的共识和共同责任感相脱节了。假如大家还在把自己的问题"外部化"，那就会形成某种"外在的愿景"，也就等于是应付问题局面的某种变革策略，而并没有看到自己在形成问题局面中的角色作用。只有当大家从塑造自己现实的影响力的内部观察，并看清自己在这些影响力的演进中的作用，愿景才能有力量。其余的都只不过是某种模糊的希望而已。

这也是为什么大多数管理团队做出的愿景都很肤浅的原因。即使这些愿景包含了许多好的思想，也仍然是碎片化意识状态的产物，而且通常是一两个人的想法强加在团队身上。正如约瑟夫所说："当大家相互之间以及与自己的更大的现实之间有了真正的连通，房间里就会有一种不同的感觉。我的经验是，从这种空间里形成的愿景才是可信的。不是说你把一切都完全看清了，而是你感觉到了这种更深广的意向的呈现，你要做的就是围绕它做工作。从某种意义上说，真正的愿景是被发现的，而不是被制造出来的。”

萧伯纳对这种从呈现当下中发生的意志的转变，曾有过生动的描述：“这是生命中真正的喜悦，你在被一个崇高伟大的志向目标所利用，你成为自然之力，而不是狂热的、自私的、疾病和怨恨缠身的渺小的呆子，并总在那里抱怨这个世界没有全心全意让你幸福。”[1]

清晰意向的结晶

真正的愿景来自更深广的意向的清晰结晶，它能聚集从体悟当下中生发的能量和志向目标。我们用“意向的结晶”这个词，是因为考虑到了晶体对光线的聚集或聚焦作用。意向结晶要求我们对更深广的意图开放自己的心态，并用想象力去把从中产生的直觉变成指导行动的具体图像和愿景。我们在采访过程中探讨了这种能力，发现有创新精神的经理人和有做企业家经历的人的说服力特别强。虽然他们中有许多人对U形过程的下行段有直觉的把握，但他们的注意力却在更大程度上聚焦在上行段，即关注把新的想法变为现实。

尼克·汉纳尔（Nick Hanauer）曾经创办了6家非常成功的企业，并多年担任亚马逊网站的董事。约瑟夫和奥托采访他时，他正与一个小组一起“再造”华盛顿州的教育体系。

针对意向在企业家创新经历中的作用这个问题，汉纳尔回答说：“毫无疑问，对某种东西的义无反顾的承诺投入有重大价值。我最喜欢的一句话，好像是玛格丽特·米德（Margaret Mead）说的：‘由承诺投入的公民组成的小团体，是能够改变世界的。对此永远不要怀疑，实情从来也只是如此。’我完全相信这句话。只要有5个人就能做几乎任何事。只有一个人很难，但如果再加四五个人，你就有了奋斗的力量。你会发现，突然之间你有了足够的势头来把几乎任何在可能范围内的、内在的愿景变成现实。我认为，这就是企业家创业的本质内涵，即形成那种激励人心的愿景和动力。”

斯里库玛·拉奥（Srikumar Rao）在许多各类成功企业里有做经理人和咨询师的丰富经验。他被采访时，正担任纽约长岛大学市场营销系主任，也是哥伦比亚大学商学院市场学兼职教授、《福布斯》杂志撰稿编辑。斯里库玛说，他最喜欢讲的课叫“创造力和自我超越”。在课上，他教学生开发、保持并表达自己的真正意向。“如果你能形成并保持足够强烈的意向，它就会变成真实的东西。”斯里库玛说。

但如何开发自己的意向呢？

“你要对自己想做的事，形成绝对清晰的概念。你为什么要做你想做的事？它如何反映了你的价值观？如何与你个性化的生活目标和志向相联系？你想在社会上做出什么成就？要对各种内在的自相矛盾的东西做充分思考，并且，如有可能，要调和这些矛盾。这可能要一个星期，也可能要几十年。这是个不断提炼的过程，反复不断地思考你的意向，但从某种意义上说，这也是你表达意向的方法。表达了这种意向以后，你几乎就不必再做别的什么了。意向表达出来以后，其他就是自然发生的了。你的角色就是保持敏锐的意识状态，耐心地期待，并对一切可能性保持开放心态。”

对此，美国心脏数理研究所的创始合伙人之一约翰·怀特（John White）评论说：“人们往往需要更清晰的思考，才能果断行动和全身心投入。一旦清晰地看到自己内心的意向，他们就能像激光那样聚焦能量——是相干性很强而且有力量的激光光束能量，而不是像白炽灯那样的散光。内心最真挚的承诺投入形成之后，愿景就会更清晰、更深广，对其他人也更有包容性。自我意志力的强势姿态将被能量场的整合性取代，因为你会意识到‘还有别的东西存在’或者‘我不能不做那个’。”

起初，汉纳尔、拉奥和怀特谈论的“义无反顾的承诺投入”“表达你的意向”和“激光束意向”，好像与罗施对我们讲的“融入”有“自己意向的”更大的场，相互矛盾。如何调和“表达意向”与这种“融入”？一个似乎是以自我为中心的过程，而另一个很显然是要超越我们日常的局部自我的观念。

我们在开始研究这些采访记录时就感到困惑，他们各自说的究竟是对意向的完全不同的理解，还是同一个基本过程的不同描述。但随后我们注意到，众多采访中有一个共同点，那就是这种意向有一种特别的品质，它好像有一种不同寻常的来源。

《快公司》杂志共同创始人艾伦·韦伯说，对大多数人解释这种不同的意向来源，是很难的事。起初，当别人问他“你为什么创办《快公司》杂志？”他会给出理性的回答：“‘嗯，你知道，这个杂志有这个或那个特点，而世界上还没有另一家这样的杂志。’但我很快意识到，那些理由其实并非真正的理由。你做某件事的理由，是你无法不做它。很难解释这一点，这听起来很像疯子说的话。”

达茜·温斯洛（Darcy Winslow）现在是耐克女鞋部部长。她对感知和呈现当下在激发深层意向中的作用提出了一种解释。6年前，她是推动耐克公司开发更环保的产品和工艺的小组成员之一，后来他们成立了“可持续商业战略”小组，即促进高级创新单元、设计师、产品主管、工程师和制造业伙伴用不同方法思考问题的特别工作组。很快，他们发现自己在“发掘大家的深层激情”。

“让大家谈论这些从来都不费周折，”温斯洛说，“因为耐克的本质就是创新，而可持续发展完全要依赖创新。”当大家聚焦能量、探讨这对耐克产品会意味着什么，就“激发了惊人的思想和能量”。今天，耐克已经成功建立了制造业社区责任和减少废弃物的业内最高标准，设计了有机棉服装产品线，通过改造橡胶化合物而消除了化学毒性物质，开发了不用溶剂的制造工艺，并在所有产品线上系统推进和大范围使用环保材料，如PVC（聚氯乙烯）替代品。“我们在整合各种设计原则，这需要新的业务模式，比如设计出在使用周期结束后能100%拆解部件的产品，以实现各类部件的还原、回收和再利用。”

当彼得问温斯洛，她对耐克成为可持续产品和工艺的领导者的想法是如何产生的，她回答说：“那很明显。你只需要看看世界的现状和你自己究竟是谁。各个产业都面临巨大的压力，驱使它们向环境友好型转变，并以环境修复型产业为最终目标。如果我们真正静下心来看仔细，就会发现耐克的全部本质就是服务生命，就是最广义的健身和健康。接下来，这个基本的意向和对我们自己是谁的认识，即有高度创新力和竞争力组织文化的企业，就转变成在各个领域里的业务运行方式。一旦我们激发了这个东西，这就是我们真正想做的，而不是我们‘应该’做的，成就耐克之伟大的一切要素就立刻显现出来了。我们还有很长的路要走，最终必须要有整个产业基础设施的转变，这是最大的挑战之一。但我认为，消费者兴趣转变的‘临界点’正在来临，而我们则可以成为触发它的一股力量。”

汉纳尔、韦伯和温斯洛的描述意味着，一些最成功的领导者脱颖而出，也许是出于他们最重要的又最不被人注意的能力，即他们发掘并聚焦更大意向的容纳力。尽管大家有时候不愿意谈论这个，或者根本就不知道该如何谈论这个，但只要他们回想自己的行动历程，就会明确显现出一种不同寻常的动力之源。这种动力之源超越他们预想的计划或狭隘的自我利益，而且往往超越他们过去的经历。

阿瑟曾反复强调，一旦你达到真正“觉知”的境界，就会产生结晶意向的力量。“意向并非某一种强大的动力，而是唯一存在的动力。”阿瑟说。

当我们从这种更大的意向出发而行动时，通常的理性决策模式就会让位于另一种过程：做且仅做显然需要做的事。如罗施所说，行动作为“整体自发生成的副产品”而出现了。

斯坦福大学的迈克·瑞用温德汉姆·希尔音乐公司（Windham Hill Music Company）创始人兼公司总裁威尔·阿克曼（Will Ackerman）的故事解释了这一点。

那时，阿克曼还是个学生。他还剩一门课程时，去找他的教授，那恰好也是他父亲。阿克曼说：“我再也念不下去了，我要退学。”

“听上去是个好主意，”他父亲说，“我想我也要退了。”

阿克曼的父亲在儿子退学后真的辞了职。阿克曼从20个朋友那里每人借了5美元，开始做生意。温德汉姆·希尔音乐公司成功之后，阿克曼又创立了其他企业，然后他在新罕布什尔州为他父亲盖了一栋小别墅。据瑞介绍，有一天晚上父子俩坐在凉台的摇椅上谈论威尔的各个企业，威尔说：“爸爸，我迷茫了。我现在有这个建筑公司，有这个音乐公司。我该怎么办？”

他父亲回答道：“你知道，我一生中从未做过什么决策。”

开始时阿克曼心想：“唉，真让人失望。”但随后他意识到，如果你知道什么是正确的，你就不必做决策。你知道该做什么，事情就在那里等着你，那你就去做好了。

种子很小

成为自然之力，并不意味着我们的抱负都必须是“宏大的”。起步时往往要小，有效聚焦能量的初始愿景针对的往往是眼前的问题。重要的是要有一种服务于更大的志向目标的衔接感，而不是阻碍行动的宏大抱负。盲目相信自己只能追求“伟大愿景”，其实是很危险的陷阱。

例如，前面提到的德国卫生项目，其最初的行动计划是由受到鼓舞的参与者小组提出的，他们把自己接受的能量转变为有意义的行动。这些局部的试验本身都不足以使整个卫生系统转变到“第三和第四层次”上，但那却是他们的更大的意向。每一个试验都凝聚了这个更大的意向，促生了变革动力和势头，并最终为进一步的行动提供了信心。这个简单的过程澄清了真正愿景的本质：真正重要的并不是愿景的宏伟壮丽，而是它能成就什么。“愿景是什么并不重要，重要的是愿景能做什么。”在作曲和创造性过程的研究著述方面都成就斐然的罗伯特·弗里茨（Robert Fritz）曾如是说。[2] 换句话说，愿景的唯一有意义的评判标准，就是它所带来的行动和变革。

印度管理学院和哈佛大学肯尼迪政府学院广受尊敬的领导力专家戴巴西什·查特吉（Debashish Chatterjee）曾用一个故事生动地表达了真正愿景的特质。查特吉有一次问特蕾莎修女（Mother Teresa）：是什么使她一生中能做那么多伟大的事。“她先是满脸不解地看着我，就好像在试图理解我说的究竟是什么意思。然后她给出了一个很简单的回答：‘人不能做伟大的事，只能做小事，但要用伟大的爱心去做。’”

弗里茨说，要建立结晶更大意向的容纳力，就必须有每日的演练，要不断面对他所说的“结构性张力”。[3] 与大多数“愿景练习”不同，面对结构性张力包括结晶愿景并看清现实，这在日常危机或紧张压力的时段尤其有用。弗里茨认为，紧张压力或真正的困难局面，是开发愿景并把愿景融入生活的“动力源点”。这看似矛盾，但如果我们能开发一种修炼方法，觉察到自己的真正感受，并坦诚面对“现实”，在客观上、情感上和身体上都这样做，我们就能获得这种动力。开发更多的技能来觉察身体和情感的反应，也是演练悬挂观点的有效方法；我们借此就能降低对自己主观的现实判断和编撰逻辑的执着。我们还必须问自己："我（们）究竟想要的是什么？"这听上去好像很简单，但止息自己的情感纠缠、担忧和焦虑，维持足够长时间的平静以重新关注对自己重要的事，是需要下很大功夫的。最后，我们必须选择要干什么，并把它往前推进。尽管在你"重新进入"一种境况时可能不会有任何立竿见影的改变，但你会逐渐看到变化。

"结晶愿景"的意思不是把愿景变成固定僵化的东西。正相反，愿景只有在我们看到并选择它的那一刻才是活的，愿景的真正意义必须植根于我们当下环境的具体情况。从这个意义上讲，结晶是不断进行的过程，不断在此时此地的当下重新形成鲜活的愿景。

近年来，愿景的概念很流行，它的本质内涵却往往被丢掉了。愿景不是高尚的情操或激励人心的话语，而是很实际的工具。用最简单的话说，愿景就是我们想创造的景象。有些愿景很震撼人心，那是由于其来源不同寻常，也由于大家与这个来源的不断的连接能力，而不是由于愿景的情感状态如何。有力量的愿景是深层志向目标感的流露，是其在当下的表达。就像软管喷嘴能使水流形成有力的喷射一样，清晰的愿景能聚焦和引导在体悟当下过程中形成的志向目标和能量。

意向的工作

一旦我们的工作有了更大的意向的指引，它就蕴含了我们是谁，以及我们生活的目的。韦伯在回想创办《快公司》的经历时说："办杂志的工作不只是安排采访，不在于获得奖项，而在于遇到做令人惊异的工作的非凡人物，并争取让他们把自己的故事说出来，刊载在杂志上与其他人分享。

"当我发现自己为小事而烦恼，或担心自己会成为英雄还是狗熊时，我就知道自己被错误的声音干扰了。真正的声音一定都是来自许多年前开始的那段对话，关于什么是真正重要的问题的对话。真正重要的问题是大写的 W ：工作或使命（Work），即原本使我们走上这条道路的各种缘由的神奇混合物中所生长出来的工作使命。"

当处于领导岗位的人开始为融入更大志向目标的愿景而服务时，他们的工作内容就会自然地从"自己做出成绩"，转向"鼓励大家成长，并让大家做出成绩"。英特尔的高管戴维·马辛（David Marsing）曾经历几乎致命的心脏病发作。他认为自己领导能力的来源，就是那次心脏病发作而引起的、对志向目标的接触和澄清：

"在急诊室里，他们宣布我临床死亡。幸运的是，后来我被救了回来。躺在急诊室的轮床上，我知道了这一切为什么会发生：心脏病发作的原因就是我以前那种生活方式。我一直知道在英特尔工作压力很大，但我以为我会以某种方式超越它。我是一个运动员，在公司工作很多年了，我很强壮。但我也是个'盲人'，看不见我参与造成的工作环境对大家和对我自己的影响。我躺在轮床上，看清了这一切。我还意识到，在英特尔谋求晋升，对我真不是很重要了。

"在住院期间和随后的几个月里，我发现了我真正的志向，那就是帮助大家意识到自己有更大的潜力，它比我们以往任何时候想象到的还要大。我有意地回到了那个压力很大的环境，但这回是带着不同的理解，并更多地关注自己的冥想和精神修炼。我想要为大家创造一种环境，来帮助大家看到自己真正的全部潜力。我还想保护大家免受大公司在市场压力大时都会做出的典型反应方式的伤害。我的亲身经历告诉我，这类反应方式很不健康。”

回到工作岗位以后，马辛开始用非常不同的方式行事。其中一件事是在每周轮流的工作会议上引入反思和冥想练习。他说：“开始时，大家不知道我是不是认真的。许多人怀疑这是否能持久。但一段时间以后，大家发现这些练习对放缓节奏很有帮助，对提高环境意识和开放心态也都很有帮助。”

这些新演练与马辛的新面貌，催生了英特尔最大的一项成功。马辛是11号芯片厂建设和产能提升时期的总经理。那是英特尔当时最大的半导体芯片厂，也是世界同类设施中最大的。它从开建到满负荷生产的进展速度是创纪录的——25亿美元投资的收回时间从原计划的几年，缩短到仅5个月。

觉醒

如何找到服务整体的路径，而让行动成为罗施所说的“一种整体自发生成的副产品”？这是个古老的困惑。2 500年以前，老子写道：

> 将欲取天下而为之，吾见其不得已。天下神器，不可为也……为学日益，为道日损。损之又损，以至于无为。无为而无不为。

大意是：想要占有天下并有所作为，我看是行不通的。天下是神圣微妙的，不可以勉强作为……做学问的人，每天要增长知识；修道之人，每天要舍弃一些东西；舍之又舍，直到无为的境界；无为才能无所不为。[4]

我们如何才能达到这种“无为而无不为”的境界呢？

对有的人，他们的“觉醒”需要创伤和灾难的经历，如马辛的致命心脏病发作，奥托的家中失火，或牙买加世行官员弗雷德的绝症诊断，只有这样他们才能觉醒，才能找到对自己真正重要的东西，积累起追求它的勇气。但这种觉醒并不在于事件本身，而在于我们自身。为更大的整体服务，其终极要求是自我意志的转变。所有领悟到这个道理，并选择这样做的人，都能实现这个转变。

20多年前，彼得把马丁·布伯的《我和你》（*I and Thou*）中的一段话送给了约瑟夫。两个人都把这段话放在手边，并为其中传递的意志转变和真正自由的信息而感动。

> 自由的人拥有意志力，但没有武断的自我意志……他相信天命，并深信天命需要自己……但不知道天命在哪里。但他知道自己必须全身心投入。事情不会按照他的决定演进，但却只有在他决定了自己愿意得到的东西之后，才会降临。为了自己的高远之志，他必须牺牲掉自己微不足道的、不自由的意志，被物欲和本能控制的意志。高远之志会常随有天命在身的人，而远离被命运捉弄而认命的人。

对布伯而言，获得真正自由的能力来自我们为了“高远之志”

而牺牲“不自由的意志”的行为。我们后来意识到，这个能力正是萧伯纳所说的“成为自然之力”。布伯的话生动地揭示了U形运动的整个过程：

> 于是他不再干预，但同时也不会让事情放任自流。他倾听自己身心内呈现的东西，还倾听世界演变的进程，不是为了取得它的支持，而是为了根据它的意愿而促成其实现。[5]

| 第11章 |

与宇宙的深度对话

丘吉尔曾把领导力形容为“从一个失败走到另一个失败，却从不丧失热情”。有人认为，一旦有了清晰的愿景，剩下的就只有“实施”了。这种天真的想法对创造过程来说比什么都有害。实际上，创造过程的核心，就是从思想观念转化为实际现实的过程。“创造”的字面含义就是“使实际存在”。河流从发源地流到大海，经循的绝不会是简单的直线。同样，创造过程也不是机械的直线运动，而是一种舞蹈过程，是在灵感和试验之间的舞蹈。超个人心理学家克里斯托弗·巴赫（Christopher Bache）曾生动地解释过这个现象。他的反思涉及师生关系：假如老师真正能放得下，并在现实呈现的流动中顺其自然，那会产生什么样的师生互动？

“讲课的时候会碰到这种情况，学生问你一个问题，或者你想找个最恰当的例子来解释某个很难的概念……（当）你的意识流中断时，你思绪的连续线索上就产生了间隙，这就是你的选择空间，也是运用直觉的机遇。本来可预演的课程，此时就可能变为临场发挥而创造出来的生动演练。”在这个空间里，“我在脑后发现一扇小门，它有时会打开，递进一张小纸条，上面有建议，比如一个想法或图像。我发现，如果我愿意冒一定风险，去使用这个礼物，不可思议的事就会发生……

“不可思议的事发生时，隔离我们的墙就暂时消失了……（而）我和学生们的创造力就会超常发挥。运气好的时候，教室里就充满了新想法。有时，我会在课后把黑板上的东西抄下来，那是我们在对话中窥见的对新概念的深层领悟……直接从内心坦诚表达出来的真实性，再经过大脑的娴熟展示，其震撼力即使在学术环境下也不会泯灭。”[1]

巴赫的描述说明，我们往往只有在进入行动中以后，才能学习和把握正在生成的东西。整个过程的关键是在行动中保持开放心态，防止我们因为专注手头工作而在仓促中关上了那扇“小门”。

形成原型

我们采访企业家和创新者时反复出现的一个主题，是迅速形成试验原型或快速周期试验的重要性：它让我们免于陷入冗长的计划工作，让我们不必执着于想清楚“呈现中的整体的真实特性”的企图。其实，正在呈现中的整体的真实性质，只有在具体的试验、临场发挥和原型试点的过程中，才能完全显现。我们最初从直觉上感受到的东西，一旦我们有意识地努力使它们显现，并对由此产生的反馈信息保持开放心态，它们就会以全新的方式清晰和真实起来。

我们采访的所有企业家和社会活动家，都践行了这一原理。

约翰·高（John Kao）是一位成功的企业家、音乐家和创业者。他创立了旧金山“创意工厂”，帮助大公司实现突破性创新。对高来说，形成原型是每个创意设计过程的核心。“形成原型就是把你最好的想法精确地模拟出来，做成模型，以使你有一组共鸣的认知和见地，促进沟通。在涵盖差别很大的学科领域的团队里，这特别重要。你还可以拆开原型，重现这个制作过程，直到得出让你满意的结果。这种结果不是你一开始就能预见的。”[2]

对工程师来说，形成原型是一种用物质（或计算机）模型测试新设计想法的途径。在有生命的社会系统中形成原型，工程师对测试的投入精神也同样重要，但这里面有两个重要差别。首先，在社会系统中形成原型需要更大的开放性和探索性。在工程设计中，像高所说的那样，“你通常是从某种标准规格入手。其次，如果你完全根据标准行事，你就会得到结果，而在这个过程中，所有其他枝节因素往往会被排除。但在社会系统中，设计工作会让你沿着任意枝节探索，只要它跟结果相关”。其次，在有生命的系统里，我们自己就是“原型”！如甘地所说，“我们必须成为我们追求的变革本身”。

从形成愿景和结晶意向，到形成原型，我们又转到具体细节主导的领域里。形成原型不是关于抽象理念或规划的，而是要进入即兴演练和对话的过程。其中的具体细节会激励整体的进化，反之亦然。

从本质上讲，形成原型的过程能连接并协同校正我们的大脑、心灵和双手的智慧，其方法就是在我们想清所有问题并制订出详细计划之前，先聚焦行动。形成原型的宗旨，是在概念完全形成或达到完美之前，就把它投入行动之中。过分关注成功的人往往想放慢脚步，花更多时间重复进行详细的筹划，使行动方案更稳妥。但很可能此时正是需要你行动的时候。在罗伯特·雷德福（Robert Redford）的影片《重返荣耀》（*Bagger Vance*）中，巴格（Bagger）对他的一个有天赋但缺乏自信的学习高尔夫球的学生说："别光想，要去体悟、去感觉。你手上的智慧永远要比你脑子里的智慧更有智慧。"

有效的原型工作，要求人们有保持连通和牢固根基的能力：你得与你最深层的灵感源泉和更大的意志保持连通，同时学会聆听从你的行动中产生的各种反馈。如果你保持开放，周围的环境就会不断告诉你：你需要学什么。你从试验中得到的反馈会为你提供线索，帮助你把刚刚开始形成的东西具体化，并不断塑造成型——只要你学会聆听，并放弃你对一开始"没有搞对"的负面反应情绪。对有高度创新能力的人来说，这是个不言而喻的秘密。美国宝丽来公司（Polaroid）创始人、企业家和发明家爱德温·兰德（Edwin Land）在办公室的墙上挂着一面镜框，上面写着："每一个错误都是重要事件，只是你尚未将它的所有益处变为自己的优势。"

对于已经走过U字底部的团队，形成原型就意味着：要变成更大的场在化现自身时的工具。要以这个原则为指导，创建正在呈现中的整体的生命微系统，以及"成为我们追求的变革本身"。它是"U的上行段"的关键战略。巴赫补充说，当我们与他称为"神圣的心灵”的这种更大的场保持连通时，我们的行动就会成为同步演进的一系列更大模式的一部分，这种现象绝不可能经计划安排来实现，而且在事后也很难解释。

在行动中保持与更大意志的连接，要依靠感知、呈现当下和结晶意向的容纳力。但形成原型的能力实际上不能与这些能力相分离，它只有包括它们并以它们为基础才能生长。形成原型的能力，能够让我们在未来之势场的指引下行动，从而跳出旧有的模式。

创造和调整

人们往往认为，要做一件事，就必须先了解怎么做。如果真是这样，那就不会有创新了。另一种观点是，创造过程其实是学习过程，一开始时可能只有假设或初步设想。弗里茨把这种创造过程的本质归纳为“创造和调整”。[3] 我们只能通过在干中学和做了再调整，才能成就真正的创新。

在整个形成原型的过程中，可能要经过许多小的“U形过程”：感知，行动，产生新意识，修正行动，甚至修改愿景。高把这称为“原型及其重复过程”，阿瑟则叫它“以自然流露的方式迅速行动”。这个创造和调整过程可能需要几小时、几天或几年。

例如，从20世纪90年代中期开始，SoL的一组成员决定建立一个聚焦可持续发展的协作学习社群。尽管当时已经有其他可持续发展团队存在，但没有一个是基于组织学习的原则和工具的。[4] 这个小组认为，转变传统商业模式，把社会环境福祉融入新模式，它所要求的文化和商业变革是巨大的，如果公司组织不共同建设新的学习能力，就不可能有重大进展。这个工作后来演变为SoL可持续发展协作组，但那是在三年时间里经过了多次反复尝试，才最终成立的。在那三年里，曾有过许多先期会议和研习营，但都没有产生持续合作的共同承诺和投入。

“许多公司都以很高的热情参加了这些会议，”组织者莎拉·施莱（Sara Schley）回忆说，“但我们一直无法达成‘启动’协议。”

“大家都对各种可持续发展问题有深切的关怀，这一点很明显。”莎拉的丈夫、组织者乔·劳尔（Joe Laur）补充说，“但他们在自己的组织里，为了突出说清这些问题而经历了无力的挣扎，感到不知所措。”

另一位组织者、哈雷–戴维森公司的提姆·萨维诺（Tim Savino）说得更直接：“我知道这很重要，但我认为对当时的哈雷公司来说，接受‘可持续商业惯例’大体上等同于接受令我们无法认同的价值观。”尽管如此，施莱和劳尔仍然坚持努力，他们放弃了其他工作，专门集中精力创建协作组。

如何才能引起那些组织内部对这个问题的注意呢？经过一段摸索后，小组决定召集一个公司总裁会议。如果他们能把足够数量的最高领导者聚集在一起，让他们说明自己对这个问题重要性的认识，一定可以带动这些组织的承诺投入。可是，会议的结果却令人无比沮丧。尽管如此，它对集体形成原型的工作还是提供了重要启示。

1998年年初，约12名公司总裁和执行副总裁在波士顿聚会，共同参会的还有好几位主要环保组织的领导人。每个人对环境问题的战略意义都看得很重，热情很高，他们的组织也似乎都支持这方面的工作。大家就环境恶化和节能减排创新等问题发表了演讲，其中好几位还拿出了自己组织的环保工作成就的案例，每个人都说得很好，令人印象深刻。

但是，正式演讲结束后，大家开始非正式地谈论是什么原因阻止他们做出更大的成绩时，却把主要原因归咎于不好的政府政策、冷漠的投资者及其他一些外部的因素。所以当话题转入他们能一起做些什么的时候，多数人都聚焦在如何游说联邦政府制定环境友好型政策，如何让投资分析师们认识到在改善环境方面是值得投资的。房间里的能量最后陷入最低谷。“这真是让人大开眼界：那些‘强有力’的人物，在面对真正变革时，却如此无能为力。”劳尔后来感叹说。

第二天，彼得给美国地毯制造商英特飞公司（Interface）的CEO雷·安德森（Ray Anderson）打了电话。安德森当时是克林顿总统的可持续发展委员会的共同主席，他参与组织了那次会议。

“我们两人都认为那次会议失败了，”彼得说，“我们很失望，会议小组没有产生真正的能量，却为妨碍大家做自己认为重要的事的外部因素而相互较劲儿。电话交谈结束时，我们两人觉得我们都不知道需要做什么，但‘不管需要的是什么，肯定不会是我们迄今在做的事’。

“后来的事证明，与雷的那次通话对我非常重要。一方面，我们的确没有拿出什么新想法。但另一方面，我们能够完全坦诚地交流已经发生的事，交流我们自己的感受，这本身似乎就很重要。那种放得下的心态，让我们保持了开放状态。于是，一个月之内，一个完全不同的策略就出台了。”

协作组的组织者们决定，不再邀请公司总裁，而是把有组织学习经验的经理人请到一起。这里面可能包括高管，但也会有一线的经理人、内部咨询师及支撑团队的工作人员。关键就是邀请到有成功完成主要变革的经验，同时又对社会和环境问题有深切关怀的人。“我们决定主要看热情和投入精神，而不是职位。”劳尔后来回忆说，“我们当时没有完全意识到，我们其实自然而然地倾向于选出有‘成为自己追求的变革本身’这种能力的人。”彼得说，“那个1999年1月在马萨诸塞州剑桥聚会的小组，后来成为我们努力创建的更大协作组的一个微系统。”

从那以后数年间，参加进来的公司、政府和非政府组织越来越多。协作组又衍生出许多行动计划，目前正在更大的范围内产生着影响。

“剑桥一月会议”的一个亮点，是约翰·艾尔特（John Elter）分享自己领导的一个施乐公司团队的故事，他的团队开发了施乐第一代完全数字化的复印机。这个团队的技术成就，特别是“零填埋”的愿景，深深激励了大家。零填埋的愿景是在工程设计师团队从野外独处训练营回来后形成的。[5]“如果大自然可以没有任何废弃物，那我们为什么不也这样做呢？”艾尔特的团队向自己提出了这个问题。这个团队后来获得了美国国家技术奖（US National Medal of Technology）提名，他们的创新设计，是探索把复印机零部件精简到仅200个（以前的产品有2 000多个），而且全部用螺钉和夹子固定在一起，以便于拆解：92%的部件可以再制造，96%可以再利用。

尽管这款产品达到或超过了施乐公司的营销目标，公司却陷入财务困境，艾尔特当时也马上要退休，可能会闲置他在设计再制造工艺方面的非凡经验。但今天，他和他团队中最聪明得意的下属，都跟着罗杰·萨朗特（Roger Saillant）加入了协作组的另一个成员单位，即生产燃料电池的新企业——美国普拉格动力公司（Plug Power）。萨朗特以前是福特公司成就最大的高管之一，离开福特后，他担任了普拉格公司的总裁。他们一起把世界级的技术和管理经验带入一个正在挣扎中，但可能对向可再生能源转换至关重要的新产业。正如艾尔特所说："我们的目标是让零填埋成为燃料电池产业的标准。"

聆听反馈

有效地形成原型，要求我们培养一种能力，聆听初步的工作尝试产生的环境反馈。但就像可持续发展协作组的故事所揭示的，这往往不是件容易的事。有时只有在回头看时才知道，初步尝试的努力显然是粗糙的，考虑得也很不周全，而之前看它时却似乎是"最正确的想法"。对于付出很多努力而得到的结果，我们往往容易产生执着。而且，保持开放心态并聆听环境反馈，并不等于要像改正错误那样，对每个批评意见都做出反应。成功的原型工作，要求人们在忽视反馈和过度重视反馈这两种极端之间，找到中间道路。

韦伯在谈到自己办《快公司》杂志的经历时说："形象地讲，我的经历就像半透膜，不断接收信息，有的信息通过，有的被挡回去。关于一个想法是否富有意义，你和环境之间要有个不断对话的过程，不管这个环境是友好的还是充满敌意的，也不管你认为那个想法很完美，还是需要进一步完善。

“如果你对自己的想法保持开放的心态，老天就会帮你。老天往往是非常友好的。所以如果你开放，它就会对你的想法提出改进建议。

“但老天有时也会提出一些馊主意。探索过程的部分工作就是聆听这些想法和建议，并自己做出判断，哪些有益，哪些有害。你不能自我封闭，认为‘这个想法已经在我的大脑里完全考虑成熟了，不能动了；如果不按我想的办法做，那我就完全放弃，不做了’。但是，如果对每一个人都言听计从，你就会疯掉。你必须在吸收进来的能量、想法和调整信息中，老实地倾听和辨别周遭世界在和你说什么。同时，必须保持工作的完整性及个人信念，这个信念就是：最初的想法是坦诚的好想法。”

韦伯的经历在盖璞（Gap）服装店35岁的高管塔拉·普斯里（Tara Poseley）的身上得到了进一步验证。普斯里称自己是“一个连续创新者”，她在过去几年里先后开创了3个新业务部门，每一个都成了公司里最赚钱和增长最快的部门。约瑟夫和奥托把U形模型介绍给她以后，她说她的工作方式是“每天都通过U形过程”。

创立盖璞内衣业务时，普斯里一开始就沉浸在市场信息调研中：该业务的主要企业都有哪些，它们都如何运作。然后，她得出结论：用新方法运作的成功概率很大。于是她做出商业计划，报告给公司高层管理委员会。那是她第一次向高层正式做演示报告，她准备了大量幻灯片。演示几张幻灯片以后，她看看房间里的情况，意识到听众在失去兴趣。于是她当机立断，改变策略，拿出身后衣架上的原型设计，并一边向公司总裁和几位高管解释，一边把样品发给各位高管。会议结束时，公司总裁批准了她的计划。

普斯里告诉我们，那是一次重要的学习经历。“没错，你必须要有个愿景，”她说，“而且同时必须有深层的意向，但你还要擅长进行自我观察，并能够根据实际情况，随时更改行动路线。老天是想帮你，但你必须能观察和聆听才行。”

重新发现志向目标

从结晶意向走到形成原型，是从理念的范畴走向行动的领域。这不仅让正在呈现的东西触手可及，还会最终在更高水平上把在背后激励整个过程的志向目标变得更加清晰。

前面提到的德国医患对话案例，在第一次会议之后就形成了一系列原型开发项目。许多参与者，包括医生格特·施密特（Gert Schmidt）及其同事，会后都想“把我们的系统从第一和第二层次提升到第三和第四层次。为此，我们需要新型工具和程序，让系统中各方用最具体和实际的方式看清整体。我们决定，开发对话平台的原型试验，让不同机构的人聚到一起，围绕设计问题和主题交流。

“我们采取的第一步，就是召集某个卫生辖区的所有主要机构的代表，开了两三次很成功的会议，但却没有任何新成果。于是我们意识到，我们的思想过于拘泥于组织层面了。

“后来，我们换了一种方法。我们先定义出‘实践者’，即每天真正面对问题并能影响决策，或自己能够在子系统中做决策的人。简言之，他们是为了有效地开展行动而相互需要的人。开会时，我们用非常坦诚的方式谈论所有问题，将焦点放在拿出近期解决方案并实施上来。

“这些小组都围绕着特定的主题或问题，有时召集得很迅速。问题解决以后，小组就解散。目前我们有10个这样的小组在运作，它们比以前的小组工作更有成效。”

其中有一个小组的关注点是一项糖尿病研究报告。小组的组成不是按照正式机构或学术领域的专家代表来安排的，而是吸收了在系统中有关键实践者角色的人，如助理医生和糖尿病人。他们的工作产生了一系列策略，其中之一就是要争取农村妇女参与推动、开发和宣传新的生活方式和饮食习惯。“这种非常分散的方法能帮助解决慢性糖尿病人的真正问题。”施密特说，“这不需要更多或更好的药物，而需要所有植根当地的基础设施，让人们增强意识和改变生活方式。”

另一项创新是针对区域急诊服务的。在医院内外工作的农村医生聚集在一个完全整合的自治系统里，只留一个24小时急诊电话号码。病人立刻能接到医生那里，而且当即就能得到医生的处理意见，或者由医生把问题转给最近的值班医生处理，或指派一名医生随救护车出诊。

结果是病人在紧急情况下感到更安全了，因为他们马上就能得到称职医生的关照。如果急救电话交由不称职的职员处理，不仅病人得不到高质量的关照，而且派出的救护车也常常是不必要的。更明智地使用设备齐全而又昂贵的急救车，已经降低了运营成本。而且医生也能得到意想不到的好处：在地区新急诊办公室里坐在“当地的脉搏上”，“你开始对地区整体有了感知”。一位医生说。这又自然把地区的需要反馈上来了，并“已经推动医生、急诊室员工、消防队，以及其他从前单打独斗的各类人员完成了重要的学习实践过程”。

持续的原型设计工作还带来一种发展势头的感觉和自决意识。“我们访问其他地区的同事时就体会到这种差别了，”施密特说，“访问会议上的谈话方式还是我们从前的那种方式。他们谈论的是‘其他人’，比如，可能是‘保险公司的人却要这么想和那么做’。我们已经不再问这种问题了。我们要么直接面对这些人，当面问他们：‘你们在想什么？在怎么做？想要什么？’要么根本就不考虑他们。我们不担心别人可能会想或不想什么。我们集中时间和精力关注自己如何做出最好的变革和贡献。”

“把系统提升到第三和第四层次”，现在大家是这么理解的：帮人们过上更健康的生活，促进专业人员理解系统整体，建立更高的自决意识。其显现的成果既有量化的东西，比如病人的零投诉，也有非常个人的东西。有位医生这样描述他的工作经历：“我们凌晨3点独自在当地的林子里开车，也不再感觉孤单了。”另一位说：“我和病人的关系已经变成了伙伴关系，一起思考问题的关系。我更有能力激发和重塑病人的思考，帮助他们意识到他们真正想要的东西。”还有一位说得很简单：“我重新发现了工作的乐趣。”

怎么解释这些变化呢？奥托问过施密特这个问题，他回答说：“塑造某种东西的经历是力量的源泉。当你对系统和整个地区的运行方式有了更好的理解，认识了很多人，你就会有不同的能力来推动事情的运转。比如，在这之前，如果我不愿意去进行某个艰难的对话，就会无限期地拖延。而现在一旦有这种情况，我会马上就做。因为我们更清晰地看到了整体，我们现在处在不同的境况了，个人沟通的整个网络和关系状态都更加流畅了。”

随着形成原型的活动场在更大的系统中演进，深层志向目标会融入许多方式方法中，并最终显现出来。“想想看，这个东西始于单纯由医生驱动的行动计划，一开始时，很难预测到变革能发展到现在这个深度和广度，”奥托的同事维尔斯蒂根说，“它已经演化成数十个项目，有该地区内数百个机构和个人参与。开始的原型工作经历了有机的形变，出现了一个不断创新的生态园林——现在我们都把它看成理所当然的了。”

保持连通

德国卫生部门工作的例子说明，从呈现当下和结晶意向转换到形成原型，可以产生许多并行的原型试点项目。原型试验工作的推广通常是必要的，但它也会使整体碎片化，甚至带来不必要的竞争。避免这种现象发生的关键就是要在不同的原型项目之间保持连通。如果能做到这一点，那么在一段时间以后，多个原型项目就有可能建立更大的社会网络，达到变革的临界量变点。

保持这种连通并没有唯一“正确”的方法。例如，许多小组可以组成“快速原型工作团队”，然后让这些团队相互当教练。随着各种原型项目工作的进展，建立跨小组的特别团队来协调各方面的工作，就会很有帮助。这样就可以定期召集不同原型项目小组，让他们一起面对面分享各自的成功经验，尤其要分享他们分别面对的挑战，以便加深连通感，并建立互相帮助的方式方法。

把保持连通变成战略优先工作很关键。原型工作产生的能量会吸引许多新的、行动导向的角色进入项目。这些人中的大多数并不了解过去的成功所依赖的学习实践和人际关系建设的历史，也意识不到已经建立的更大社群的环境。如果对各个原型项目组成的社群会成为更大范围变革的真实微系统没有清晰的愿景，那么碎片化的离心力就会积累起来，变得无法抵挡。

共时性：自我觉知的场

也许，结晶意向和形成原型的最重要的方面反而很少有人谈论。当人们与自己的深层意向来源连通时，经常会经历令人惊异的共时性事件。荣格在其经典著作《共时性：非因果连通原理》（*Synchronicity: An Acausal Connecting Principle*）中，把共时性定义为“非偶发性概率因素造成的两件或多件事情的有意义的巧合”。荣格的定义把两个看似矛盾的概念，“巧合”和“非偶发性”，巧妙地放在一起了。[6] 共时性似乎正是把这类矛盾融合在一起的概念：意向性和偶然性，有所计划的行动和不期而至的幸运，因果关系和“非因果性”都被放到了一起。

英特尔的马辛对约瑟夫说：“共时性，是对正欲破土而出的事物保持开放的心态。”拉奥所说的“表达意向”对他而言，由于“许多人都感知到，并被吸引到正在呈现的新的可能性上来”而显而易见。而且，他补充说：“通常，感知到新的可能性的不止一个人，大家都想帮助推一把，很少有我自己单独发现这种情况的时候。你连宣传都不必操心，因为这种情况的某些特征会与大家产生共鸣，大家都有类似的意向、类似的原则和价值观。大家被吸引进来，然后就会发生不可思议的事。”

共时性虽然不能控制，但它也不是随机的：整个U形过程的一个主要结果，就是让共时性的力量产生更可靠的作用。这首先在于悬挂假设后所产生的开放性，其次是呈现当下产生的“服从于承诺”的状态。苏格兰人喜马拉雅探险队（Scottish Himalayan Expedition）的威廉·H. 默瑞（W. H. Murray）说：“在你完全承诺投入的那一刻，老天也会感动。”[7]如果说非常成功的创新者都指望奇迹发生，那是不对的，但他们似乎都默默地接受了奇迹，把它作为过程中几乎不可避免的事。从韦伯的说法中可以看到一点：“老天往往是非常友好的。”或者用普斯里的话说，是“老天想帮你”。

也许，我们叫作神奇或共时性的东西，从我们个人的角度看，其实不过是处在自我觉知的场中，以及在整体的指引下行动时，必然会感受到的东西。巴赫由于在课堂上越来越多地感受到这种神奇，就不得不试图理解它。与罗施、谢尔德雷克和接受我们采访的其他人一样，巴赫最后也把它描述为更大的场。“当这些共时性共振现象开始在我的课堂上发生时，我还认为它们是在分离的大脑中发生的特异的超常现象……后来，我才产生更优美的理解，把它们当作整合整个课堂的统一学习场的表现。

“促使我把这些事件看成场的最重要的现象观察……是其中所包含的力量的巨大强度和密度。那么多人的生活受到那么深远的影响，这使我无法用我个人能量的共振概念来理解所发生的事。

“……大约15年前，学生在课后到我这里……（说诸如此类的话）‘你知道，你今天在课堂上举的例子很奇怪，因为那正是这星期在我身上发生的事’……我的学生在我讲课的内容里发现了他们生活中很私密的片段……学生们还开始说，我讲的课经常就像有暗号一样，会回答他们感受到但还没有提出的问题，这很神秘。”他后来还发现，学生相互之间也发生类似的巧合。“有学生说：‘每个季度都好像有新的预料之外的变化和共时性事件发生。我进入了一个深刻影响了我的生活的连通关系和聚会网络。’”[8]

当他发现谢尔德雷克的著述时，他逐步认识到自己的经历并非异常或超自然现象，而是动态生命系统的天然特征。从某种意义上说，他和自己的学生开始关注他们中间发生的微妙现象，学习如何进一步培养这种关注能力，即他所说的“神圣的心灵”和“无疆界的意识：所有经历都在其中发生，它是心灵聚会和融合的场所，是活的基体”。[9]

令人悲伤的是，巴赫写道：“我们的文化没有教我们去识别这个更大的‘心灵场’的存在，更别提它的运行法则了。”比如，“有关心灵的原子模型让教育家们受害匪浅，因为它让我们麻木不仁，体察不到教学经历中的微妙之处……即使是非凡的互动情况，如老师

‘唤醒了学生如饥似渴的学习热情’，也仍然被认为是本质上分离的心灵之间的相互作用”。[10]

对神圣的心灵进行许多年的探索和思考以后，巴赫得出了结论。他认为，把这种场当成“非常态意识”的产物，是一种过于狭隘的看法。能“唤醒个人对日常经历的超觉深层体悟”的精神修炼，是经历这种更大的心灵场的方式之一。但还有第二种方式，那就是团队和小组中的真正的融合，就像在巴赫的课堂上那样。此情此景之下，我们会发现神圣的心灵“就‘藏在’普通的场景里……并在我们每日的集体经历中活灵活现”。[11]

巴赫说，一旦我们发现它，我们就能看到“行动变成了支持整体的行动，能够涵盖一切，成就一切需要成就的东西”。但这种行动当然不仅是“我们的行动”，它还是我们更有意识地与正在呈现中的宇宙进行深度对话的副产品。

| 第12章 |

掌握建设组织的技能

2001年11月

我们四人在秋季再次会面，那也是“9·11”恐怖袭击事件后我们第一次见面。我们都感到“9·11”恐怖袭击事件是“安魂人类情景”背后力量的显现，令人痛心。而它也确认了我们试图理解的深层学习过程的重要性。约瑟夫开始报告10月11日的会议，那次会议进一步推动了从佛蒙特研习营开始的工作。

*　*　*

“斯托镇研习营小组在纽约的聚会，距离现在所谓的‘归零地’(Ground Zero，即世贸中心遗址）只有几个街区。到那里去让人感受非常深。我们不禁反思，这个事件在我们的领导力变革的愿景下意味着什么。我们还探讨了它在多大程度上应归咎于宗教狂热分子的‘精神错乱’，而在多大程度上应归咎于其他原因。”

“有一位是这样说的，”奥托补充道，“某个人说的‘宗教狂热分子’就是另一个人心中的‘英雄的牺牲’。尽管‘9·11’恐怖袭击事件可以从许多角度来分析，但我们一致认为，促使我们走到一起的动力比以往任何时候都更紧迫了，这个动力是：需要让背景多样的企业、政府和公众社会的领导者共同开发更可持续的全球化模式。我们花了很多时间谈论这个行动计划可能会采用什么形式，但最后发现，真正重要的其实就是我们大家马上投入工作。”

“我们认为，最初的原型设计过程应该从新一轮的采访和感知入手。”约瑟夫继续说道，“至少‘9·11’恐怖袭击事件让我们意识到，我们必须从背景各异的世界范围的公民那里，体验和认识世界的现状，学会如何进行全球‘感知’，而不是把某个群体的方法强加到其他人身上。几个星期内，对世界7个地区的30个采访工作，由我们一个网络中的成员们开始实施了。采访中出现了两个主题，即当前的全球危机和正在形成的全球意识。

“南非妇女和青年创业者的良师益友、有广泛影响力的企业家温迪·路哈比（Wendy Luhabe）总结了许多人的讲话，她说：‘现在世界上有一场领导力危机。如果你看看在中东或津巴布韦正在发生的事，或者看看安然公司，或美国的竞选，或布什政府在世界上孤立美国的立场，那你就会发现所有这些都有类似的模式：旧的主导势力在与正在新兴的人民的力量斗争。人民在说，“我们不会再继续对世界走向毁灭坐视不管了”。旧势力在阻挠新事物，而新事物正在年轻人和女性身上显现出来。除非我们创造空间让人民参与世界的管理，开创不同的未来，否则我们可能就无法防止现在似乎已经是不可避免的危机后果了。’

“中美洲大学（University of Central America）前校长、尼加拉瓜的神父沙比尔·古鲁斯蒂亚戈（Xabier Gorostiaga）说，后‘9·11’恐怖袭击事件时代不仅带来安全危机，还带来‘深层的文明危机’，也就是我们生活中亲身感受到的危机。‘世界不知在滑向何处。’他说，‘华盛顿共识的民主模式已经加剧了它称为“两类公民”之间的鸿沟。今天，有一类“推动全球化的公民”，还有一类“被全球化的公民”；一类有能力在全球市场上扮演角色的公民，另一类则没有这种能力；一类拥有财富、知识和力量，另一类一样都没有。’”

奥托沿着这个思路继续说道：“我觉得，全球青年网络‘变革先锋’（Pioneers of Change）的成员阿罗克·辛格（Alok Singh）说得很简单到位，他说，‘我们的体系正在崩溃，而且崩溃已经显现出来了：它无法服务于人民。当前的危机不会消失，因为我们只是在处理表面症状’。

“我对德国卫生项目参与者的后续访谈，也揭示了这种崩溃感。尽管很多人对新的急诊救护网络这类试验感到鼓舞，但他们还感到那只是在‘修补一个濒死的系统’。一位受访者说，‘我们现在需要做的，可能就是紧急而有控制地让这个系统崩溃，而不是勉强地维持它’。

“对整个系统的这种‘濒死’感受不仅限于卫生领域，还发生在教育、农业和政府系统。人们说，我们如果继续回避针对所有这些系统的综合改革方案，就不会有任何有效的策略。我当时说，我认为我们现在的系统在10年内就会瘫痪，几乎没有人同意我的意见。许多人说崩溃会来得更快，还有人说那不是未来要发生的事，而是当下已经在发生的事。”

“处在崩溃系统中的参会者还就第二个主题做了铿锵有力的发言，即综合改革方案与新的个人觉醒是不可分的。”约瑟夫补充道，“奥托采访的人当中有一位诺贝尔替代奖（诺贝尔环境奖）‘正确生活方式奖’（Right Livelihood Award）获得者，他是菲律宾全国可持续发展公民社会运动领导人尼卡诺·帕拉斯（Nicanor Perlas）。他说，全球化意味着我们必须‘更深刻地意识到超越所有文化和社会的人类间的深层连通。它还意味着我们每个人都面临一个根本的选择，即要么参与促进生命成长的发展和互动模式，要么参与毁灭生命的模式’。”

“我们问大家，从什么地方能够看到这种新的意识和精神状态正在呈现。”奥托继续说道，“许多人回答，除非我们在地方社区发展的层面观察，否则我们不会发现什么。我们采访的好几位年轻人都参与了发展中国家的社群项目。一位芬兰青年女性说：宏大的世界级的解决方案是不存在的。我们不可能找到适合每个人的普世解决方案，那是‘违反自然的’。

“全球化经济发展的‘华盛顿共识’模式的替代方案还有一个非常好的例子，就是印度古吉拉特邦的全国奶农合作社。这个合作社模式让印度成为世界上最大的牛奶生产国，并给全国数百万奶农提供了生计来源和自立基础。迄今为止，已经成立了10万个合作社，主要由村民选出的理事会管理。‘我们不是做奶制品生意的，’奶制品公司阿穆尔（Amul）的魏亚斯（B. M. Vyas）先生说，‘我们是做社会合作的。生意不是我们的终极目标，它是手段，是建立帮助穷人的公正社会的手段。民主不是参与德里的议会，而是要从草根层面开始，给普通人发展的机会。这种附加值，要比生产英特尔芯片大1 000倍。’

“这新一轮的采访和感知活动，已经影响了我们思考自己目标的方式，并引起了一些微妙的变化。我们应该在跨领域系统变革项目之上，建立地方领导者的全球社群。采访还确认了亚当在那次纽约会议上说的话：女性和青年在推进未来的工作中要扮演至关重要的角色。这是他从事公民社会情景假设工作得到的强烈感受和结论，而这也是企业领导者经常忽视的。”

“我认为这些采访澄清了本项目的第一个主要步骤，使项目落地了，变真实了。”约瑟夫说，“我们需要在采访过的人当中找出一组有意义的跨界横截面，作为不同类型领导者组成的战略微系统，把他们请到一起，比如请他们参加下一次的‘卓越管理领导会谈’，他们要共同研究，一起创立第一组协作项目。除了企业高管和政府官员以外，我们还可以请社群和青年领导者一起参与。”

“这好像正是个好例子。”贝蒂·苏说，“你们的新一轮采访成为形成原型过程的重要演练，从中学到的东西提升了你们的理解力和愿景。我听你们讲的时候就觉得，过去一年来我们研究和应用的容纳力，已经融入并体现在你们的新项目中了。”

“我同意，但这还处于早期阶段。”约瑟夫答道，“我想我们得再经过几轮反复，才能确定最后的模式。”

“但我想，作为一种特殊的学习过程，我们还是可以说出，当团队完成整个U形过程时会发生什么。”彼得说，“和任何学习过程一样，完成U形过程就意味着实现收获，即实现内外两方面的持久变化。外在的变化包括显而易见的成果或结果。对一个组织而言，这还包括新的组织行为规范，或者做事方法和合作方式。比如对这个领导力开发计划来说，就包括了生成包含企业、政府和非政府组织领导者的协作网络，使大家真的能开展合作。

“而内在的变化则会体现在两个层面上。首先，大家学会了一种新的行动能力。从前需要有意识去做的，现在可以毫不费力地、几乎是自动地完成了。我们知道自己学会了走路或骑自行车，或写十四行诗，我们能够可靠地完成这些事。与此类似，组织也可以通过把新领域的能力植入组织的规范和假设框架，而完成新的容纳力的开发。其次，学习实践会创造新的意义范畴，转变我们的意识和理解力，我们会用新方式来看世界。原来看不见的东西，现在能看见了，好比生活在不同的文化里去学习新语言，你会逐渐用新的方式去‘看’那个文化。”

“真正的区别在于，肤浅的学习和改革过程是U形过程的简化或变形版本，”奥托确认道，“它不能使学习者培育悬挂习惯的观察方式的能力，也无法当下‘体悟’未来的可能性，并由此连接到行动的深层动力源泉。这也就是为什么完成U形过程后形成的理解和能力表现，也与典型的学习过程所产生的不一样。集体通过U形过程可以造就全新的组织，或真正改变现有的组织。”

“改变组织的意义和理解力的方式之一，是指导思想的改变。”彼得说，“汉诺瓦保险公司原CEO比尔·奥布赖恩曾说，大多数企业的根本问题是平庸的指导思想。投资回报最大化就是平庸指导思想的例子。平庸的思想无法激励人心。人们无法向自己的后代描述这种思想。这种思想无法创造意义。”

“我觉得，今天谈论崇高的指导思想会让许多人缺乏热情，”贝蒂·苏说，“哪个企业没有一个使命或价值宣言？安然公司有一个企业价值宣言，世界通信公司（WorldCom）、泰科公司（Tyco）及无数公司都有，但它们的行为却与其宣言准则相悖，最终搬起石头砸了自己的脚。这些价值宣言没有一个能有效阻止高管滥用职权。”

“这就是‘好思想’和‘指导思想’之间的区别。”彼得回应道，“思想从好的阶段上升到指导性阶段，就是变成组织治理系统基础的过程，也就是它成为决策力的源泉。只有崇高的价值宣言显然不一定能使人们有能力站出来反对违反这些价值的行为和做法。真正的指导思想必须融入日常规范和行事程序，让人们践行这些组织价值和志向目标。这就意味着，比如建立能够让大家有效监督和挑战高管行为的方法，并使之融入一种既尊重又能不断挑战权威的组织文化。否则，大家这样做就会有个人风险，还不可避免地导致纠正错误行为时的亡羊补牢现象。大多数价值和使命宣言与传统的权威治理结构结合，效果比无用还差：它滋生玩世不恭的情绪，并成为掩盖一如既往的行为方式的烟幕。挖掘能够产生真正意义的指导思想，同时通过培育承诺和行愿把它转化为大家一起处事为人的方式，是一项艰难的工作：它需要我们完成U的下行过程，并且要不止一次地反复完成。”

“而要完成这项工作，就需要建立感知、呈现当下和实现收获的基础设施。”奥托补充道，“这方面的例子还很少，但我知道壳牌的情景规划过程。它使大家共同发现自己对世界的假设观点，是商业界在感知方面的基础设施。就我所知，联合利华的‘学习之旅’，让经理人走出自己熟悉的环境，到自己从不会考虑去的地方，能帮助大家建立相互间的连通感，同时打开自己内在的觉知源泉，实现感知并呈现当下。[1]实现收获的基础设施可能需要支持约翰·高所说的那种快速形成原型项目的工作，关键是在所有三个领域建设基础设施。我认为这非常罕见。”

“我同意。但这并不意味着在实际的组织中感知、呈现当下和实现收获就永远不会发生了，即使这些能力还没有变为成型的日常惯例和行为规范。”约瑟夫补充道，“我们都曾见过各种团队走过U形底部的过程，完成深刻的行为转变。许多团队还能够在多年时间里保持这种状态。”

“比如维萨公司，”彼得说，“我和约瑟夫与维萨的首任CEO狄伊·哈克（Dee Hock）在国际组织学习协会成立过程中曾紧密合作过。很少有人知道，维萨国际公司也许是世界上最大的企业，每年产生的交易额超过3万亿美元，市值接近1万亿美元。然而对许多人来说，维萨甚至不像个企业。它是由2万多个成员组织组成并拥有的自治网络。它的治理章程规定各个董事会的选举产生方法，成员的权利和义务，如何接纳新成员，如何取消不合格的成员。简言之，世界排名领先的企业就像一个自治的民主政体一样运作。

“从我们讨论的内容来看，维萨最打动我的地方是它的诞生经历。那是集体通过U形过程的深刻经历。它创始时正面临20世纪60年代末，信用卡产业发展初期的混乱局面，业界的过度扩张引起了的大规模金融崩溃。在大家对整个产业未来的悲观情绪蔓延之际，狄伊担任了美洲银行成立的高管小组组长，准备深入研究当时的局势。他们研究得越深入，就越发觉得情况糟糕，业界一起建立起来的体系永远无法解决自己内部产生的问题。意识到这一点以后，他们被迫放弃了狄伊所说的‘旧观念和对现实的机械式理解模型’，放弃了‘银行付款系统的老套行话’，逐步‘促成了思想意识的改变……我们不是做信用卡业务的……我们其实是做货币价值交换业务的’。[2]

“那时有个长达一个星期的集中会议，有天晚上他躺在床上睡不着，突然意识到‘银行是不可能创造出世界上最好的价值交换体系的，股票公司的等级系统也不可能完成这件事……设计这样的组织本身就超过了理性的能力……然而，躺在那里，（我想起）进化过程常常毫不费力地轻松成就了无数种更加复杂的生物体和生命组织：热带雨林、海洋系统、大气系统、猎豹、鲸、人体、大脑、免疫系统，等等’。[3]

“第二天早上起来，他就问自己，一个组织是否可以按照生物的概念和方法设计，使它能够通过不断的自我组织和自我创造而进化？‘要是不再为新组织的结构而争吵，而把它想象成一种基因密码，会如何呢？’[4]

“基因密码于是就变成维萨公司的志向目标和基本原则，变成它的指导思想，也是它的章程中明确的核心治理程序。[5]后来，形成原型项目和成立组织的工作花了4年多时间，但最后维萨国际公司成立了，大体就是它今天的样子。”

“这是实际的U形过程的一个很好的案例。”奥托说，“我觉得狄伊对维萨这类组织的描述词汇，‘浑序’，即混沌中如何形成秩序，是对整个U形过程的生动比喻。”

“没错，”贝蒂·苏说，“我读他的书时，就感到狄伊在这个过程中真是发挥了‘自然之力”的作用：创立维萨就是他的使命。但他的故事还让我想到，我们是否将会发现，原来我们共同的经历其实是让我们理解民主本身的含义。我们的社会宣扬民主理念，也有某种民主机制，比如选举。但总的来说，我们的组织还是很独裁的，往往就像专制小国一样。这件事让我最近想得越来越多，也许我们只是在民主和自治时代的开端。是否可以说，过去200年是一个准备和初始原型形成的阶段？而民主本身其实也只是在其早期发展阶段？”

“对此，我在看到柏林墙倒塌时就有一种预感，”奥托说，“那时的感受是，我们好像在进入一个转折期。第一幕是苏联和东欧共产主义的解体。第二幕就是我们现在看到的：美国式的资本主义和民主体系的局限性已经以痛苦的方式暴露出来了。也许第三幕会是各种全球力量的新集合的兴起。

“如果我们不把民主当作我们继承下来的东西，像祖辈留给我们的衣物那样，而是把它看成一个学习过程，那又会如何呢？这种学习过程还只处于幼稚阶段，迄今只迈出婴儿学步的小动作，而新的原型试验是会到来的。”

“但还有一个严重的问题，那就是现行的原型能否容忍新的原型试验，或者说它会不会包含一种极权主义的东西。”彼得补充道，“还记得吧，贝蒂·苏，在你那次7月会议上，那位勇敢的人提出了质疑：‘全球资本主义的现行框架能否适应新现实？’结果没有人回应。”

“对世界许多新兴国家来说，这的确是个大问题，”贝蒂·苏说，“它们往往感到实在是没有能够替代华盛顿共识的方案。

“也许，我们未来的开放程度将会依赖狄伊故事里的另一个信息，即我们与自然的连通：学会按自然的法则生活，放弃控制的企图。在最危急的时刻，狄伊感悟到了他已经了解的有关生命系统和进化的知识。这是很有意味的。”

“狄伊真正让我有感触的东西，就是他对‘牛顿思维’让人条件反射地相信必须有人控制这种情况，有极为现实的认识。”约瑟夫说，“为什么我们总不断地试图控制别人，并不断防止被人控制呢？一个人去控制另一个人，总是会产生事与愿违的效果。为什么我们认为学校或公司这类大型系统，必须要有人控制呢？狄伊说，那是因为我们把这些系统看成机器，而不是生命。我认为他是正确的。机器思维所产生的组织几乎无法让人们相互之间和谐，并与自然和谐。这一点儿都不奇怪。”

“所以，我们说得很简单。”彼得说，“我们实践民主的容纳力，要从我们与自然的连通中生长。当我们失去这种连通时，孤独、恐惧和控制的需要就会增加，而民主状况就一定会恶化。与自然的深层连通是真正民主思想的灵感源泉，这一点很容易被忽视。也许

100多年前沃尔特·惠特曼（Walt Whitman）提醒我们的正是这一点。我一直记着这段话，现在我终于明白了它的道理：

> 我们经常书写“民主”这个词。然而我想反复强调的是，这个词的本质含义仍然在沉睡之中，还远没有苏醒的迹象……
>
> 依我看，这个伟大词汇的历史还尚未被书写，因为这个历史，至今还没有上演。
>
> 从某种意义上说，这个词是另一个伟大而又平凡的词汇的胞弟：自然——其历史至今也还尚未被书写。[6]

第四部分　直面未来

Presence:
An Exploration of Profound Change in People, Organizations, and Society

| 第 13 章 |

领导力：修身成人

2001 年 12 月

几个星期后，我们四人又见面了。在这之前，我们都在思考第二轮“感知”采访中的谈话内容。

*　　*　　*

“我们正面临领导力的危机。这个看法也许并不新奇，但我听到了新的说法。”贝蒂·苏说，“如果我们正处在一个时代的终结，那一定需要一种新型领导力。”

“新现实必定要求对领导力的新思考，从前也发生过这种情况。”彼得说，“关于领导力的最古老的观点之一，是‘权力必须辅以智慧’，这似乎是2 500年前中国和希腊形成大型城邦时代的观点。大型机构有更大的组织力量，它的出现让人们意识到需要应对这种组织力量可能带来的危险。柏拉图与格劳孔（Glaucon）在《理想国》（*Republic*）中有关哲学家国王的对话，与管子及后来的孔子奠定中国领导力思想基础的时代，前后不过100年。我觉得这不是巧合。这两组文化观念在很多方面都惊人地相似，它们都认为需要用道德修养来防止滥用这种新的组织力量。

“我不禁在想，我们今天也处在一个非常类似的时期。全球化正以史无前例的规模重塑各地的社会和文化。然而，那个古老的观念——影响这些组织力量发挥的权威领导者必须投入修炼或道德发展——却已经完全消失了。我怀疑，甚至很少有人考虑过这种修炼方法：如何开发延迟获得满足感的容纳力，观察行为的长期效果的能力，以及进入心灵宁静状态的能力。古代希腊和中国都认为这种修炼要在大师的指导下完成，是要花终生精力努力完成的人生修养功课。”

“但许多人似乎认为这些老观念与今天技术驱动的现实格格不入。”贝蒂·苏说，“我们的领导者更倾向于做技术专家，而不是哲学家。他们关注的只是获得并使用权力、驱动变革、影响他人，并维持一种掌控局面的形象。”

“没错，老观念不那么吃香。”彼得也表示赞同，“过去一两代人的时间里，‘老’这个字眼儿本身已经变成一个轻蔑的词汇，变成破旧和废弃的同义词；而‘新’就自动变成‘改进’和‘优越’的意思。这对描述机器可能完全适用，但用在生命系统上就很不幸了。

“几年前，我们的一个好朋友、领导力领域的知名作家戴巴西什·查特吉[1] 在麻省理工学院一次领导力研讨会的开场白中说，‘我的工作的指导思想是，老的往往就是更好的。延续了几千年的思想已经接受了许多检验，这是一项很好的指标，意味着它可能真有些价值。我们现在都固执地偏爱新东西，这往往会误导我们，错把新颖性抬高，凌驾到实质内容之上’。”

“而当我们失去对‘老’的东西的敬重，老年人也被我们忽视了。”约瑟夫说，“智慧被技术专长取代，长岁数也被看成是从年轻有为向年老虚弱状态的一条长长的下坡路。”他皱眉继续说道，“我觉得，这些变化对人类幸福和社会稳定的损害，真是无法估量。”

“古代希腊和中国的这种关联让我感触很深。”奥托说，“在所有采访中，在香港与南怀瑾大师的那一次会面最有趣。尽管是彼得把我介绍给南老师的，但我们还从未谈论过那次采访。我认为，我们现在对U型理论的理解，有许多早已在中国文化中存在了，虽然它的意义在今天已经被人遗忘。尽管在海外还鲜为人知，但在中国，南老师被看作是活着的禅宗大师中最重要的一位。他同时还是一位道学大师和（有人会说‘最’）杰出的儒学大师。他出版了40余部著作，在中国的销售量有数千万册。他还被认为是中医、古诗词、风水和物理结构设计方面最高水平的专家，并且是中国的军事战略专家和原中央国术馆第二期武术冠军。”

奥托终于换了口气。彼得微笑道：“南老师的成就发生在他一人身上，真是不可思议。一位在中国的美国国务院高级官员告诉我，过去中国皇帝的国师是要把所有这些中国传统融于一身的，还说，‘他可能是这个传统中的最后一位了’。”

"我一点儿都不吃惊，"贝蒂·苏笑着说，"我们的现代文化不鼓励那样的发展路线。不过奥托，你是说南老师谈到U型理论了？"

"其实还不止于此。那次我们在一开始就谈论他的一部新著——《原本大学微言》。这本书是对儒家经典《大学》的新阐释。[2]《大学》原文最早是在2 400年前写下的，并从那时起成为中国的主流文化的一部分。我的一位翻译告诉我，'每个皇帝都尊崇这部著作，因为它论述了如何成为一名领导者'。尽管如此，但大家都在肤浅层次上熟悉它，以至于它的深层含义已被人遗忘。另一位翻译彭嘉恒告诉我，明清科举，特别是在清朝，就是1644年开始的中国古代最后一个朝代，指定了考试要以宋朝朱熹注解的《四书》《五经》为标准，从而禁锢了走科举道路的知识分子的思想。然后南老师补充说，儒家领导力修炼理论的核心是'假如你想成为领导者，你就必须成为一个真正的人。你必须认识到生命的真正意义，才能成为优秀的领导者。你必须先了解你自身'。"

约瑟夫点头说道："奥布赖恩曾经讲，'介入是否成功取决于介入者的内心状态'。这远比变革策略或技巧重要得多。"

"没错，"奥托应和道，"从这个意义上讲，修炼过的自我就是领导者的最佳工具。这个理念是古代中国和印度的传统思想的基石，也是许多本土文化思想的基石。

"这一传统理念被遗忘的原因之一是其困难性：它要求终身的实践体悟。许多曾经指导学习者走过这个修炼历程的具体操作知识，已经被主流现代社会遗弃了。中国社会同样如此，尽管那里还保存着这些古代教诲的部分元素。南老师的新阐释的独到之处，就是解释了《大学》中其实提供了领导力修炼的详细理论。

“‘假如你要成为一名伟大的领导者，’南老师说，‘你就要进入七证修养：知、止、定、静、安、虑、得。这看似简单的一步，实际上是一个很长很长的过程。’

“彭嘉恒解释说，前两步修养：知、止，正统的解释是知道自己的社会位置，不能逾越职位，越权行事。南老师对《大学》之‘知、止’的解释非常不同。他说原本的含义是自觉能知之性与止息思想杂念。

“在场的一位教授说，这对领导者来说很重要，因为如果不达到这个境界，他们就会被各种情绪干扰，如贪、嗔、恐惧、担忧等，因而不能做出‘正确的判断’。

“南老师讲了一个古代中国名相的故事。当时中国分为许多小国，这位先生的一个儿子在邻国被俘，即将被斩首。他想派小儿子去营救，大儿子却反对，说‘你派弟弟去就是认为我无能，派我去吧’。

“父亲不再坚持了，就派老大去营救狱中的儿子。老大找到邻国的一位宰相求情，为营救兄弟送了很多钱财。那位宰相没有明确说要帮忙。但宰相找到一个机会，说服了君王大赦天下。当然那个孩子获救了。听到这个消息，老大很高兴，心想：‘太好了，反正所有犯人都要放了，也不是宰相帮的忙，我看能否把那些钱财要回来。’宰相听说了他的话，二话没说，就还了钱给他。但宰相却跟君王说，可以释放所有犯人，但因为种种原因，某人应该除外。结果那个孩子就被斩首了。

"老大带着兄弟的尸首回国了——他父亲对派老大前往的担忧被证实了。为什么呢？因为老大的成长是伴随着父母辛苦创业的，知道每分钱来之不易，内心习惯了悭吝，不会轻易将财物送人；而小儿子成长于家庭富裕之时，出手很大方，没有这种对钱财的执着。

"'执着就会妨碍我们的判断能力，阻碍我们的感知。'那位在场的教授告诉我，'不知道如何'止息'习惯的执着，就是这个意思。'

"'在佛教里，'彭嘉恒说，'思想就像瀑布，你看到瀑布，只能看见水流不断，好像帘子一样。但我们都知道，水流其实是由水滴组成的。思想也一样。我们的心念流动很快，好像瀑布一样。但如果你能知，能止，你就会觉察到：思想也不过是小水珠的样子。'

"'思想念头，'南老师说，'就像这样一个个地流过。大多数人看不到两个念头之间的空隙。修得好的人能看到"念头每时每刻都在变，我们总是被自己的思想欺骗"，但大多数人却以为那是真实的。'

"我们一旦看到自己的念头，止就自动发生了。'你一旦对此能知，你就已经在止了，'彭嘉恒告诉我，'在能止念之前，不会出现实质性的问题和探索。在止息之前，我们的目标和宗旨不过是我们过去状态的反映，而不是当下的真正需要。'"

约瑟夫坐直身体兴奋地说："儒家的理论和U形过程的下行段似乎非常相像。通过止息思想杂念来觉知自我和世界状况，这与瓦莱拉的悬挂假设概念，并从习惯的思想流动中解脱出来，非常一致。"

"没错，"奥托回应道，"南老师解释了其他五项修养以后，这种一致性就更清楚了。他做了一个简短的小结：'你一旦得止，就能进入第三阶段：三摩地，或定境。达到真正的定境，才能得到真正的静默。静而后能安，安而后能虑；这个虑，代表"精思"，就是慧观，是真正的思想，而非通常情况下的妄想；然后才能有所得，取得你想达到的成就，你本应达到的目标。'①

"领导力开发的七证功夫主要有两种行为。第一个是'进去'，即从常态意识进到一种真正的安静状态，即我们所说的U形底部。第二个动作可以称为'返回'，即回到常态活动。'返回'带回一种新觉知，并保持了深层的当下体悟。尽管语言文化不同，这也正是我们一直在努力理解的过程。每个特定阶段的相似之处也是很让

① 《原本大学微言》第二篇"七证的修养功夫"中有如下阐释：……由"知、止"开始，一直到"定、静、安"的程序，是"内明"学养"定"学的功夫层次。所谓"静、安"，是"定"学效果境界的扩充。至于"虑"和"得"，那便是"慧观"智知的成果。"虑"字，原来是做思想的思字解，同时也有转注为忧思的意义。《大学》用"虑"字代表"精思"的意思，是当时的习惯……"想"字，是属于在心理上、头脑里的粗浅现象。叫它"妄想"，甚至叫它"妄心"。至于"思"字，它跟"妄想"不同，它是细致的、宁静的，并不像"妄想"一样，有扰乱自心的作用。譬如我们读过的书，或经过了的事，忽然忘记了，便要拼命去追忆、寻找，这便是"想"的作用。如果记得非常熟悉的书或事情，根本不用费心去找，自然而然，轻轻松松就知道了，这便是"思"的作用……"虑而得"的道理，就如子思著《中庸》所说"不勉而中，不思而得"的境界。等于佛学所说的"慧观"或"观慧"。经过"知、止、定、静、安"的治心修养以后，思虑的慧力开发了，就可得入"明明德"而见道的真正成果……要明白"大学之道""明明德"的学问成果，必须要知道先从"知、止"开始，逐步渐修，进入"定、静、安、虑"，而得到明悟"明德"，才可以说真的能够接近"大学之道"的大道了！——译者注

人吃惊的。比如，南老师说，当意识进入初禅定境时，就可以看见‘生命的运作过程’。这与我们所说的再引导或再定向集中我们的注意力，观察表面现象背后的生命过程非常相似。”

“所以说，前三步修养，知、止、定，都涉及在更深层次上观察现实，是感知的核心内容，是U的下行段。”约瑟夫说。

“对，”奥托说，“我问是否可以把这三步修养理解为深层观察现实的方法，彭嘉恒回答说，‘这是观察现实的唯一方法’。

“南老师也说到自我意识的转变，我们现在知道这是U形底部的经历。在表面稳定的思想流里面有根深蒂固的习惯思维方式，它决定着我们最基本的经验内容和信念，包括通常的自我观念。我们把自己的自我观念当成真实的东西。但南老师说，‘思想观念不是自我，不是这个人。念头是老在变的’。根据《大学》理论，在我们切断日常的杂念之流，并接触到深层经历以后，就会出现静和安。这时，南老师说，‘你就会抛弃习惯的自我观念了’。”

“那是瓦莱拉描述的发现‘自我的实相’，以及大桥良芥所说的‘陌生的自我’。”约瑟夫确认道。

“对。后来南老师又说，‘我们说“我们”、人，实际上这只是个符号，代表某种东西。最终严格地说，人这个东西是不存在的，不是实存’。”[3]

“这正是大桥良芥所说的‘空无’在‘支撑着我的存在’。”彼得说，“日常意识状态中的自我有这种虚幻的一面，这对西方人来说非常难理解，但它却是东方思想传统的基础。

“我知道佛教的基本概念之一是现象世界的空性。这和物理学对现象世界的理解又联系起来了，即所有现象都在不断地变动流转中，包括我们的身体和物质的自我。我们通过思想把这些东西具象化，在我们的意识里塑造物质性实体的形象，但这个形象是个虚幻的错觉。普遍来说，东方哲学中真正核心的概念就是，在这个现象世界之外还存在另一个维度的现实，那个现实其实更具实相、更永久，而看到那个现实的方法是通过我们控制自己的意念来修炼的。这就是物理学家戴维·波姆花了10年时间与印度哲学家克里希那穆提对话，探索隐性秩序和现象背后的生发力场的理论与印度哲学的比较联系的原因。我认为这也是许多我们采访过的科学家都是各种东方修炼方法的严肃实践者的原因。”

“修习和修炼至关重要。”奥托说，“儒家理论针对的是个人‘修炼’或修养发展的长期实践。南老师说，尽管不要求固定的时间，但‘进入这些修养’是领导力修炼的一个‘很长很长的过程’；用东方的概念讲，这可能是许多世的修炼历程。我们在试图理解U形过程所要求的容纳力究竟是什么。而佛家、道家和许多其他传承都有丰富多样的工具和方法来开发这种容纳力。但如果我们个人对修炼没有承诺和行愿，讨论这些就都无关紧要了。

“尽管当时并没有看到与U形过程的完整关联，我还是问南老师：‘先放慢节奏，反观内照，同时静观世界，直到能够观察和体悟当下正欲呈现的现实。然后再回到世界中来，并带回一种独特的行动和创造能力。这好像和《大学》讲的领导力修炼很一致。这么理解对吗？’

“他确认这一理解符合他的意思，但不是唯一的理解。他说，

‘也许你以后还会发现其他理解方法’。”

“你知道，这很令人惊异。我们追寻一个问题，最终达到智者们先前已经达到的境界，却又‘第一次理解了它’。”贝蒂·苏说，“但我认为还需要指出，尽管在过去，领导力修炼是智慧传承的重要内容，但未来将会有所不同。这一点很重要。未来的领导力不会简单地由个人表现出来，而是需要群体、组织、社区和网络来实现。

“现在，群体进步的障碍之一，就是认为必须要等到有一位领袖出现，一位将未来的道路具体化现于自身的人物。但我觉得，我们在U形过程中学到的，是未来可以在群体内部呈现出来，而不是化现在某个‘英雄’或传统的‘领袖’人物身上。我认为这是走向未来的关键：我们必须培育一种不依赖于非凡人物的新型领导力。”

“我完全赞同。但那对个人修炼又意味着什么呢？”奥托问。

“我认为个人修炼比以往任何时候都更重要了，”贝蒂·苏回应道，“但那要有更多人的参与。而且，这种修炼将在更大的集体中进行。我们需要学习实践能够帮助群体和社会系统开发智慧的修炼方法。”

“这是界定我们这个时代领导力特征的决定要素。”彼得严肃地说，“在由全球性组织网络组成的世界里，我们所面对的问题是等级体制的领导力根本无法有效应对的。这就是我们今天的世界与2 500年前孔夫子和柏拉图领导力理念形成时期的重大区别。

“我们在和大型企业甚至全球性跨国公司的CEO合作时，总是能体会这一点。局外人很容易对他们的影响力过分高估。记得一位先生半开玩笑地说，他曾一直想象着，一旦他最终爬到公司的最高位置，他就可以从自己的办公桌下面发现那些操纵杆，让事情发生。他说他最终坐上了最高位置，但并没有在桌子下面发现任何东西。这种经历让人清醒。我认为这对国家元首也同样适用。等级体系的高层确实有独特的权力，但那往往倾向于破，而非立。CEO 可以在几个星期内破坏多年建立起来的分布在各个角落的知识和信任关系。发动战争的权势远比赢得和平的权势要大。”

“把组织等级体系的高层领导力模型转向更分散与分享式的网络模式，会引起许多变革。”贝蒂·苏说，“要让各类网络有真正的意识来参与协作，许多人都将需要有深层的承诺行愿，来开发服务于正在呈现的现实的容纳力。

“这就是为什么我认为修炼‘成为真正的人’，正是我们时代领导力的首要问题，而且这必须在史无前例的范围展开。这是个非常古老的理念，但可能正是‘全球民主’新时代的关键所在。”

| 第14章 |

用内心智慧做科学研究

许多年前，在奥地利维也纳郊外的国际应用系统分析学会上(International Institute for Applied Systems Analysis)，一位联合国高级官员在演讲结束时说：“我在世界各地处理过许多不同的问题，我得出的结论是：真正的问题只有一个，即过去100年的技术发展所赋予我们的力量已经超出任何人的想象，但我们的智慧却没有增长。如果在力量和智慧之间的鸿沟不在近期内缩小，那么我们的未来就没有什么希望了。”[1]

如果认为科学和民主一样，应被看成是一个尚未完成的项目，将会如何？如果认为主流的科学观，以及它所带来的不断加速重塑现代社会的技术体系，仅仅是一个早期原型，是很有力量但也有很大局限的原型，又将会如何？而如果正在出现的新科学，由于其内在特性，可能更好地融合知识和智慧，那又将如何？

我们对各个领域领先科学家的采访，以及我们自身的经历，都让我们得出一个结论：U形过程的经历对正在出现的现代科学观的革命，是必不可少的。实际上，U型理论只是这个运动的一种表现。U型理论和新科学革命两者都要基于与牛顿撞球式世界观根本不同的现实观。在牛顿世界观中，变化是通过一个物体撞击另一个物体实现的；撞击力越大，变化越大。电磁场和后来的量子理论改变了孤立粒子的牛顿世界观。与此类似，正在形成的新科学可能改变粒子性的孤立自我观。

连通性是新世界观的决定性特征。连通性是宇宙的组织运行原则，它连接“外部世界”现象与“内部世界”经历，而最终也连接人与人，连通人与世界。哲学家和灵性导师自古就探讨连通性，但由于科学技术在现代社会的角色和作用，有关连通性的科学世界观便会对“整体转变”有广泛而彻底的影响。

这个新的整合型科学，植根于20世纪初物理学中的相对论和量子理论，但也基于物理学、生物学、认知心理学和医学等领域的最新进展。主流西方科学的许多创新者都在为这个新科学的发展做出贡献，但也有西方科学之外的贡献，如非西方医学和本土民族的科学。实际上，在这个阶段，甚至对整合型科学世界观的主要方面也没有多少一致意见，包括其本体论（对现实的基本假设）、认识论（对认知的基本假设）和方法论。

缺乏一致意见是不可避免的：从伽利略、牛顿、开普勒和笛卡尔开创科学范式算起，西方科学花了200多年时间才最终形成，后来又花了100多年才通过技术进步、公共教育和西方科学思想产生管理和领导学，并逐渐渗透到主流社会。

毫无疑问，通过最新的科学革命将会涌现出一种新老科学的综合。牛顿范式没有由于20世纪物理学的兴起而消失，与此类似，许多接受过检验的主流科学观点和方法也会成为未来世界观的一部分。人与社会方面的变革也一样。因为新的科学世界观既是有关“科学”的，又是关于我们自身的。

20年前，约瑟夫在伦敦见到了杰出量子物理学家戴维·波姆。波姆曾是爱因斯坦在普林斯顿时期的同事，并被后者认为是其精神继承人。[2]波姆告诉约瑟夫：“再往前走，最重要的是打破隔离大家的藩篱，这样我们才能变成一个统一的智慧。贝尔定理（Bell's theorem）告诉我们，这才是人类的自然状态，分离又不孤立。现在的任务就是寻找打破藩篱的方法，以使我们回归自然状态。”[3]

与牛顿范式不同，像U形过程这样的理论能把人的发展、意识的提升和组织变革连接起来，可能对新的科学世界观至关重要，也对其影响社会的速度至关重要。创建更富有智慧的人类社会所需要的科学，可能没有二三百年那么多的时间让我们等待了。

科学和艺术——人类文化中这两项最古老的活动——都是专门研究现实的。艺术完全依赖于艺术家的直接体验，它通过探寻画家高更所问的这类问题——“我们从哪里来？我们是什么？我们到哪里去？”——来加深我们的理解力。与此类似，本土科学，即世界各地人民的传统科学，通过培育人们与地球和整个自然界的连通来提高我们对宇宙的理解力。[4]那为什么现代科学却以如此不同的方式发展起来了呢？

波姆指出，最根本的问题就是“碎片化”。这是一种思维方式，

“包括错误的划分：在有紧密联系的地方划出了界限”，把有整体性的东西看成分离的东西。[5]波姆认为，我们世界观中对人与人之间，以及人与自然之间的联系做了人为分离和碎片化，是“世界上社会、政治和环境危机的隐性根源”。[6]

这种碎片化反映在科学学科的僵硬划分上：化学、物理、生物、心理学、天文学、地理学、植物学、生理学、经济学、社会学，等等，这阻碍了跨界的系统理解力。实际上，你在科学学科里越往深处研究，它就会变得越窄。这也影响到现代社会的所有领域，以至于今天所谓的“专家”，仅对一点点东西知道不少。

碎片化的心态还很微妙地体现在传统科学对孤立事物的过分关注上。数百年时间里，物理的“东西”的原型就是原子，很久以来在西方，它一直被认为是自然的最基本的积木块。19世纪中叶，物理学家开始看到原子本身还可以进一步分割——这导致人们认为它是由更小的东西构成的：中子、质子和电子。但这种无限分割为越来越小的东西的观点，最终在20世纪支撑不下去了。物理学家进入了全新的领域：量子能量场、“电子云”，以及对亚原子微观世界的概率概念，而非确定性概念。

总的来说，通过研究孤立的东西来获取知识的信念还在社会科学领域延续着，并且仍然在日常生活中起主导作用。它导致经济学家在解释市场机制时只关注孤立的“理性人”，还导致弗洛伊德对人类行为的“原子构件”解释，即自我、超我和本我，结果使整个心理学领域偏向对个人的研究，而忽略对家庭、工作环境和更大的人际关系网络的研究。[7]甚至在社会科学中的集体现象也往往被当作孤立的东西来研究。比如对工作环境中有效团队的研究，往往聚焦在角色、任务和人际关系特点上面，却忽视了团队有效性对更大组织环境及其互动方式的依赖。[8] 类似的状态也存在于公共事务中。人们把外部“敌人”当作威胁，从而操纵政治冲突，却无法看到把我们与敌人绑在一起的功能紊乱的关系网络。

原子思维决定几乎所有的管理行为。组织业绩由孤立的各个“业务单元”的业绩相加而成。出现困难时，只是解雇某些员工，或者出售某些业务单元，却不考虑造成困难问题的更大的系统，也不考虑这样割裂人际网络对其中蕴含的技术窍门和操作知识的破坏性后果。一家原《财富》100强企业的资深高级工程师在公司突然倒闭后给出一个简单的解释：“重组多搞了一次。最后一次重组后，人际网络崩溃了，大家不知道谁知道什么，不知道怎样才能得到自己所需要的帮助。”

评估

具有讽刺意味的是，驱动科学和社会加剧碎片化的主要因素，正是科学界的最伟大的工具——评估。量化的评估不仅是科学方法的具体工具和无价之宝，也是管理方法的不可或缺的助手；但也很容易被过分扩大，变成对现实的普遍的一般化概括。人们开始相信只有能够评估的东西才是“真实的”。经理人都知道一个假设，一句熟悉的格言：“你不能管理你不能评估的东西”，或者“人们只关注被评估的东西”。

过分依赖评估不仅使现代社会注定只继续观察世界中的“东

西”，而不是关系，还造成大家熟悉的“硬件”（能评估）与“软件”（不能评估）的分别。如果能评估的就是更真实的，你就很容易把软的东西，如人际关系质量和工作的志向目标感，降格到次要地位。这很奇怪，因为软的东西往往是最难做好的，并且是导致成功或失败的重要因素。例如，工程师们都知道，最好的技术方案常常无法实施，或者实施后并不成功的原因，正是缺乏信任和沟通。

问题不在评估本身，而在于可评估和不可评估之间平衡的缺失，在于对量化评估的过度依赖，以至于破坏了判断力和学习力。你会看到，经理人会从高层“驾驭”组织达到量化目标，而不会去努力开发可持续业绩改进所需要的新能力。结果是，用著名的质量管理运动先驱戴明的话说，“靠恐惧气氛管理”在现代组织里普遍流行：从企业被迫完成华尔街的期望指标，到学校被迫改进标准测试的分数。

正如物理学家卡普拉（Fritjof Capra）所指出的：人际关系是不可评估的。有几个著名的管理学者和少数组织似乎也得出了同样的结论。会计学理论家、作业成本法（ABC）的共同发明人托马斯·约翰逊（H. Thomas Johnson）说：“伽利略提出研究‘运动’这个概念，它与运动的物体是相分离的。这是量化思维的开端。”9

把系统的某些方面量化，并与系统整体分离，成为西方科学乃至西方管理学的基石。经理人把建立人为和武断的成本指标或生产指标，并由此驱动改进，看作稀松平常的事。但是，若不从整体中剥离出速度或利润这些评估指标，评估就无法进行。有少数企业已经明白这一点了。比如，丰田的市场资本化程度超过了福特、通用汽车和戴姆勒–克莱斯勒的总和（已经有20年了）。根据约翰逊的分析：丰田公司并没有集中的成本会计体系能让高管驾驭“空洞的（成本）指标”。相反，丰田的成本和财务业绩的出色表现，来源于“使复杂精致的评估方法地方化，让大家提高自己的判断能力并向整体学习，而不是削弱和取代大家的能力”。[10]

不可分割的整体

总之，20世纪物理学的深层启示还远未影响到社会生活。关系要比东西更根本。“生活中的各个层面，”卡普拉写道，“从细胞内部的新陈代谢网络到生态系统的食物网络，再到人类社会的沟通网络，生命系统的组成部分是以网络形式连接的。”[11]社会接受这种观念的速度很慢，这不可避免地延迟了新的替代世界观获得认可的速度，尽管其支持证据在不断增加。另外，自然的“内在关联性”程度可能远比任何人想象的都要大。

20世纪50年代中期，波姆在伦敦大学学院（UCL）的一次演讲中描述了量子理论的含义，还探讨了一个实验设想。这迷住了听众中的一位年轻物理学家，J. S. 贝尔。贝尔后来丰富了这个理论和实验验证方法。[12]该实验和后续实验的结果揭示了物理学中著名的“非局域性”原理，并被称为“20世纪科学中最具震撼力的事件之一”。[13]

波姆的预测是：原子的粒子被分成两部分以后，如果改变其中一部分的偏振状态，那另一部分的偏振状态也会改变，而且是即刻改变，不管两部分之间距离有多远！许多年以后，波姆写道：“这是从量子理论得来的推论，即空间上分离、没有相互作用力联系的事件，其实是相互关联的。关联的方式可以得到展示，却无法用详细的因果论解释。”[14]

贝尔定理和非局域性原理揭示出一种内在关联性，它无法用牛顿世界的基石，即普通的因果概念来解释。今天，科学家们还在进行许多实验研究，探索比原子粒子更为“宏观”水平上的内在相互依赖和关联的程度。

例如，最近一项研究显示，世界各地的随机数发生器（RNG）在2001年9月11日那天都发生了非随机行为。RNG是生成数字的计算机程序，它针对各种研究应用的需要，有随机性的统计标准。它们的屏蔽装置可以隔绝电磁场、通信信号和各种已知的作用力，以保证避免系统偏差。换句话说，这些计算机程序本不应该受到任何外部影响，并且有不间断的定期测试保证它们的状态恒定。对世界各地37台RNG的实时监测数据研究却发现，2001年9月11日那天出现了异常行为。最近发表在《物理学基础快讯》(*Foundations of Physics Letters*）杂志上的研究报告，记录了异常高的平均方差、自关联性（即每个软件连续生成的数字之间的关联度）和这个全球网络中的“节间”关联性（即不同软件之间的关联度）：平均来看，这种观察结果自然出现的概率小于千分之一。另外，这个全球网络每分钟的统计数据显示了与恐怖袭击事件发生时间的吻合：非随机模式从美国东部时间早上5点左右开始出现，峰值在11点左右，异常偏差状态一直持续到当天晚上。文章作者说，这一天发生“超越概率预期的重大偏差”可能有“深刻的理论和实际意义”。他们的结论是，“我们观测到的关联性是由（已知的）环境因素造成的可能性很小”，如果没有反证的例子，“我们就不得不承认以下的可能性：观测到的关联性可能与关注全球性事件的心念的（至今仍无法理解的）某些方面直接相关”。[15]

贝尔定理和RNG这类研究揭示，有一种内在相互依赖性，它是超越“外部”世界的，并能够连接思想、情感和可测量的现象，甚至还可能发生在全球的范围内。[16]波姆把它称为“不可分割的整体”，它对300多年前笛卡尔阐明的西方科学的核心信条提出了挑战。教会曾经关押像伽利略那样的科学家，于是笛卡尔想让科学脱离教会的监管，所以他认为科学应当完全聚焦在“外部”现象，而绝不要涉及研究或思索内部的“精神现象”。尽管科学家们后来逐步与教会恢复了关系，但笛卡尔的内外分离原则却从那时起一直影响着科学的进程。

盲点

著名的曼哈顿项目成员、多年担任麻省理工学院物理系主任的威斯科夫（Victor Weisskopf）曾说起他是如何成为科学家的。“小的时候我祖母弹奏贝多芬的钢琴曲时，我就坐在钢琴下面。尽管那是很久以前的事了，我仍然记得沐浴在音乐中的感觉。那时候我就成了物理学人了。”类似的愉悦和连通感，以及由此产生的好奇心，还使其他许多人成为科学家。不幸的是，笛卡尔对科学家内心状态的排斥，阻碍了大家体验越来越丰富的内在连通感。

“当代科学的盲点，”认知科学家瓦莱拉说，“就是体验。”[17]

在日常生活中，这还意味着我们要照着“天真的现实主义者”的样子过活，把自己的经历当作理所当然的东西，就好像我们的感官是一台照相机，可以记录分离的外部物体。瓦莱拉和马图拉那（Humberto Maturana）认为，天真的现实主义者会觉得“我们看到的就是真实现实”。[18]马图拉那是实验生物学家，（与瓦莱拉一起）创立了圣迭戈认知理论，成为探索知觉的生物基础这方面理论的先驱。对科学家来说，天真的现实主义并没有那么正确，因为科学不能那么依赖感官信息，而要借助复杂的仪器来超越感官。但伟大的科学家的出众之处还不在于其仪器，而在于自己用想象力来检查仪器所带来的意识状态的精妙能力。歌德的整体科学方法的精义也就在于此：修炼观察能力，以通过生命的具体表现形式来看清整个生命现象。据说爱因斯坦曾讲过，“直觉远比智商重要”，而且他“没有用理性思考完成任何发现”。他的“想象实验”很著名，那是他利用自己出色的想象能力而假设的实验。据他说，使他发现相对论的灵感，就是靠想象自己“乘一束光线在空中疾行”而得来的。马图拉那说：“仁爱允许对方成为合法的同伴，是扩展智力的唯一情感。”

大家听到这类故事，如威斯科夫的音乐浴、物理学家波姆的“分离又不孤立”、爱因斯坦的直觉论或生物学家马图拉那的仁爱，很可能会觉得他们只是在大发诗兴，把问题哲学化，因而不予理睬。但这样做却错过了问题的核心要害：对世界和生命的这些看法，是他们作为科学家的理解力的直接反映。对威斯科夫来说，真正的理解力既在头脑里，又在身体和情感中；在现代物理学的夸克、介子和Z-玻色子的奇妙世界里，你必须既靠“思想”，又要靠“感觉”才能理解它。波姆的根本性理论贡献是“自然的整体性”和“显性（或现象）秩序”与更微妙的“隐性秩序”之间的持续互动，在那里，意识、时间和空间都是相互依赖的。对爱因斯坦来说，宇宙似乎是在告诉人类一个包罗万象的真理，即无穷的相互依赖性的真相。马图拉那对知觉的理解基于以下事实：我们不是外部世界的被动的观察者；相反，我们是通过与之互动才理解外部世界的，而我们的情感既可以限制这种互动，又可以丰富它。简言之，这些描述反映出跨越主客体之间认识论鸿沟的科学家们的能力，并直接针对瓦莱拉所说的“盲点”。

生命系统的反身性科学

还有另一个信号预示着整合型世界观正在科学界出现。这种世界观是整合碎片化的各学术领域的新概念框架。“复杂性理论真可以说是各个科学学科的一种运动。”经济学家阿瑟说，“开启复杂性研究的运动需要回答以下问题：各种组成部分是如何形成整体的？复杂理论要研究互动的元素，那么这些元素是如何构成某种模式的？模式如何演进？有些模式永远不会停止，（因为）它们是开放的。这引起了某些负面反应：传统科学不喜欢新颖概念。牛顿定律应该是固定不变的。然而，任何复杂和互动的东西似乎总要演进，并形成新结构。”

整合型科学的目标也许就是理解生命系统。卡普拉提出，对物理学、化学和生物学的各种进展进行综合，可以得出生命系统的三个基本特性：第一，自我创造（自创生）；第二，生成新组织模式，或以不可根据过去经验来预见的方式而进行“自组织”（突现性）；第三，有意识，能与周围环境有效互动（认知性）。[19]卡普拉研究了许多领先科学家，包括马图拉那和瓦莱拉关于自创生和认知性的理论，以及诺贝尔化学奖得主普利高津关于化学反应组织模式生成的突现性自组织理论，并提出了这种综合描述。

生物学家谢尔德雷克关于“形态场”的理论，特别聚焦在生命系统演化的内在潜力。奥托在1999年采访他时，他说“我对这种观点的兴趣，最初始于在剑桥大学对植物生长发育的研究。我当时就对生物学家所说的形态发生或形式的出现过程，提出了各种问题”。谢尔德雷克对单一起始点生成多样性形态的过程尤其感兴趣：“植物怎么从简单的胚芽而发育成有物种特征的形态？它们的花为什么有如此不同的形态？”还原论者对这个问题的回答是：所有形态发生过程都是基因程序决定的。但谢尔德雷克有疑问：如果所有细胞都有同样的基因程序，那为什么它们会发育得这么不一样？这个问题最终让他设想了完全不同的替代理论：生物组织发育形式背后有他所说的“形态场”这种看不见的蓝图作用。对“各种复杂程度各异的自组织系统，有一种依赖于其独特的组织场的整体性。每个自组织系统都是由局部组成的整体，而这些局部自身也是在低一级层面的整体。在每个层面上，形态场都给每个整体赋予其特性，并使其大于其组成部分之和”。

谢尔德雷克认为，生命系统的形态场自身也在进化过程中，他称之为“形态共振”（morphic resonance）。它使每个具体生命系统在更大形态场中扮演角色的同时，还推动其自身的进化。“每个特定的形态场系统，如长颈鹿胚胎，会与从前类似的系统‘调谐’，这里就是与以前发育的长颈鹿调谐。通过这个过程，每个长颈鹿都从物种的集体记忆库吸收信息，并同时贡献信息。”他拿心理学家荣格的“集体无意识”做比喻：对人类来说，“形态场会延伸到大脑以外的周围环境中，与我们的知觉对象连接”，使我们个人和集体都“能通过我们的意向和注意力来影响”更大的世界。

这种观点的逻辑延伸，是把整个宇宙看成生命和生成性系统，从而超越传统科学对“物理”和“生命”学科的划分。波姆的“隐性秩序”是对生成性宇宙整合理论的极为全面的研究尝试之一。1980年在伦敦，波姆告诉约瑟夫说，隐性秩序（或隐秩序）是一种语言，而不是“对现实的描述”。而且，这种语言里“你不能把每个名词都对应到一个东西上”。他解释说，正是这种对应诉求造成了碎片化。比如我们把一个名词贴在我们意识状态的一个方面上，它就立刻在我们的大脑里成为分离和固定的东西了。在隐性秩序的语言里，意义来自“整体……就像音乐，你不能说一个音符有什么意思……（或者）印象派绘画，你退后一步就能看到景象，但画面上的色点与你看到的景象之间没有对应关系”。[20]显性秩序，在波姆的比喻里就是每个音符和色点，在物理现实中显现，但又与隐性秩序和更大整体背景连接，不可分割，也就是与音乐和景象连接，并从其中生成自身。帮助我们理解歌德科学的物理学家亨利·伯涛夫特是波姆从前的学生和同事。他说，理解生命系统需要微妙的观察能力，他称之为“精确的感官想象力”。而这种能力似乎也对理解波姆的隐性秩序很关键。理解波姆理论的一个基本挑战和难点，就是它并不是研究一种叫作“隐性秩序”的外部现实，而是关于我们在显示深层相互依赖关系的世界里，如何生活和观察世界的方法。这就是为什么这个理论，除了其数学描述以外，不能用教导式的描述，即像英语这样以名词、动词等所组成的语句叙述。按照其特性，隐性秩序理论是反身性的：到了某种程度以后，理解这个理论的唯一方法就是个人体验，尤其是在内心安静时的体验。

许多年前的一个隆冬季节，彼得在缅因州北部的一次经历，使他对隐性秩序有了经久不灭的深刻体悟。一天早上，他在一个封冻的湖上滑雪，走进去大约一英里。早上很安静，风景很美，太阳刚刚升起。他坐在小岛岸边的一处岩石上，看掠过湖面上的风刮着雪飘向远处的山坡。

“周围很静，我的心念也很静。过一阵子以后，我觉得必须得努把力才能产生一个念头。又过了一会儿，我不再努力了，就坐在那里待着。突然间，我看到风在雪上吹成的形状，与远处山上的形状一样。我没有想这个念头，我直接看到了。两者完全一样。那一刻，我的时间感受完全变了。一个形状是两三天内形成的，另一个是两三百万年形成的。然而它们却完全一样，都是从同一个隐性秩序或生成性秩序里显现的。那时，我日常的时空感受消失了，通常的置身于自然之外的感受也消失了。”

毫无疑问，许多像隐性秩序和形态场这类“激进的”整合理论，都将会被证明是不完全的，也许甚至是有严重错误的。但它们却显示了在各种不同领域的科学家们是如何严肃认真地思考着，并有可能对我们如何理解系统生命的世界产生革命性的影响。也许更重要的是，这些新理解不能被划归到对“客观”世界的抽象陈述的旧框架中去。理解生成性生命现象的宇宙，只能“从内心”完成，即通过修炼容纳力来理解：世界和我们自身是有内在连通性的整体。开启这个旅程，就将迈向罗施所说的“用内心智慧做科学研究”的境界。

用内心智慧做科学研究

也许，这种科学的决定性特征将是滋养生命。“我选择生物学是因为我喜欢动物，”谢尔德雷克告诉奥托，“但我很快意识到，我学的那种生物学是要杀死每个生物，然后分割解剖之。从那时起我就一直在问：怎样才能发展一种滋养生命的科学呢？”

这样一种科学的本质特性决定，它将是发育和发展性的。物理学家亚瑟·扎伊翁茨（Arthur Zajonc）是研究不同意识层次领域的领先学者。[21]对他来说，整合型科学中“人的发展这个主题是科学研究的基本特征”。[22]人的发展对他来说是广义的，不仅包括目前科学训练的特征方法，即学术发展。比如，观察的能力要从学会如何“留在现象中，并使之成为主要认知来源”，这还要求“按照新模式发展被西方教育方式基本忽视了的身心系统”。扎伊翁茨对光的研究让他发现了歌德的颜色理论和发展性科学观。歌德的描述很精彩：“每个经过冥想沉思的客体都会在我们心身内部开启一个新器官。”[23]换句话说，为了开发滋养生命的科学，我们必须更有生机活力。

但扎伊翁茨、罗施和其他许多人都告诉我们，与其说这是方法问题，还不如说是意向问题。研究本土科学知识的整合型学习中心的组织者之一露丝·冯·萨特布隆（Rose von Thater-Braan）[24]说："本土科学与西方科学之间的许多差别首先表现在意向上。驱动现代西方科学的共同目的是：为了更好地控制和征服自然而理解自然，有人也会说是为了把自然商品化。与此对照，本土科学的'根本意图是发展人，是学习如何与自然和谐相处，以及互相之间如何和谐相处。本土科学家可能会为了生活方便而发明技术，但这相对于人的发展来说总是第二位的'。"[25]

以上谈到的科学家们当中，许多人都对整合型科学需要的新型意向发表了令人震撼的观点。对波姆来说，我们必须要做的是提升和进化我们的意识境界，使之自然更具有整体性，更符合我们与自然的连通性。没有这种意识境界的提升，我们就看不到自己目前的思维方式所造成的影响。波姆经常讲"思想创造了世界，然后却说，'我没做'。"爱因斯坦曾讲过"我们意识中的一种光学幻象"，以及由此造成我们"与其余的世界相分离"的感觉。"我们的任务，"他说，"就是通过扩展我们的慈悲心的范围，使之包容所有的生命，包容整个大自然及其内在之美。"[26]马图拉那的工作具体体现了他承诺投入"一种共生的方式，让仁爱、互敬、坦诚和社会责任从每时每刻的生命过程中自发呈现出来"。[27]他说，通过意识到"我们看到的不是世界的客观存在，而是我们自身的状态"，我们就会提升自己的人性。而一旦忘掉自己的现实观的局限性，我们就会丧失共生的容纳力。马图拉那说，当某人或某个群体声称只有他们的观点才是"真正的事实"时，他们实际上是在"强迫别人服从"。

我们的浮士德交易：转移负担到现代科技

要检查主流科学的动机，就不能不看到用科学知识进行技术创新的需求。科学和技术一起构成了驱动现代世界的正反馈循环发动机。

我们都知道，我们的社会依赖技术的力量。正是这个力量塑造了世界，并且继续塑造着世界。它保证给予我们很大的好处，却也带来前所未有的破坏；它驱动着财富创造和产品研发的经济激励机制，但它也在维持现状，并以很少有人能察觉的方式在阻碍着人的发展。

不管整合型科学有多么令人振奋，如果我们不看是什么力量在驱动我们对现代技术的依赖，以及我们自己在维持这种驱动力中的作用，那么变革仍然不会发生。驱动现代技术进步的动机不仅是对控制力的追求，还出自我们内心的恐惧感：如果离开了技术，我们可能就无法生存。

2001 年秋，“9 · 11”恐怖袭击事件刚过不久，彼得在“行动中的系统思考”（Systems Thinking in Action）年会上演讲时说：“多年萦绕在我心头的一幅图像突然变得清晰起来。那次活动非常出色，来自世界各地的人聚集成一个群体，促生了一种‘耀眼的闪光’，从而触发了灵感。我意识到，我们对现代科技的不断增加的依赖，和我们不断增加的割裂和无能为力感，两者都源于同一个‘转移负担’的机制。”

“转移负担”是一种系统基本模式。它来自减轻问题症状的努力，但使人越来越依赖这种“症状缓解法”。比如，头疼时吃两片阿司匹林似乎很自然，而且可能就是最恰当的方法。但如果头疼的原因是已经超出你能力所及的工作和家庭生活的压力，那又怎么办呢？这时，“成功的”医疗方法实际可能会掩盖深层的问题。而不面对真正的问题，就可能引起更糟糕的后果：继续过度工作，造成更大的压力，直到必须使用效力更强的药物。一段时间以后，你就无法想象能够不靠经常使用药物来支撑你紧张的生活方式。你已经“转移负担”给最初似乎是一次性的应急修补措施，即缓解头疼的药物。如果这个模式得不到改变，你最后就不仅会有过度工作的问题，还会有药物依赖的问题。实际上，当你必须为应付艰难的药物依赖问题而越来越伤脑筋时，原来的过度工作问题还可能被遗忘了。

每当人们面对棘手问题，又能看到“症状缓解”和“根本解决”方法之间的区别，就可能出现转移负担的机制。[28]症状缓解方法是“应急修补”，像阿司匹林，它只处理问题的症状而不涉及深层原因。而根本解决方法，就是像减轻过度工作的负担一样。转移负担机制在各种不同的条件下都可能发生，但总会有相同的系统性模式结构。问题的症状可以通过症状缓解法或根本解决法处理。只有后者才能在处理症状问题的同时，处理背后的原因。在这个简单的系统性结构中，如果我们选择症状缓解法，而且停留在那里，就逐渐形成了转移负担的行为模式。使用症状缓解法，吃两片阿司匹林，缓解了症状，即头疼问题。但这种短期改善却降低了更根本的解决方法——减少工作负担——在我们心中的需求度。根本的原因被忽视了，症状（头疼）会变得更糟糕，而症状缓解法就得加码（使用效力更强的药物），而应对问题的根本原因的能力就会下降。最后，越来越依赖症状缓解法，通常都会带来预料之外的副作用，比如越来越需要面对的身体健康问题。

我们总把上瘾和依赖这类问题看成是私人问题。但转移负担机制显示，这其实是个系统现象，并在许多层面反复出现。人们可以对处方药物、酒或烟形成依赖和上瘾，公司可以对通过削减成本来提高利润形成依赖，政府可以对通过发放彩票提高财政收入形成依赖，而农业生产则可以对使用化肥和农药来提高产量形成依赖。转移负担是现代社会对困难问题进行应急处理的需求所引来的最普遍和最有诱惑毒性的模式。由于其普遍性，它往往不被人注意。个人

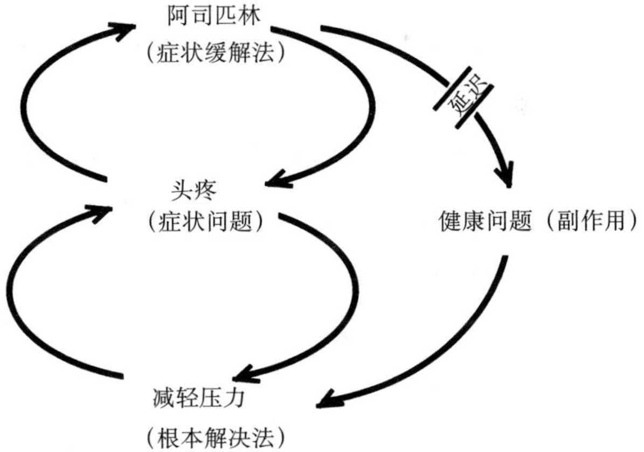

转移负担

处理头疼问题时转移负担到阿司匹林，而不是处理根本问题，即生活压力。

和组织往往看不到自己开发根本解决方法的能力已经深受侵蚀，直到这种依赖及其副作用已经发展到无法挽回的地步，最后导致不可避免的崩溃。

过去200年里，西方文化对还原论科技产生越来越多的依赖，很符合转移负担的机制。其中的各种影响力一起产生了越来越大的技术能力，但却越来越损害了人的发展和智慧能力。彼得在那天上午的会议上给大家画的图，从人的固有动机出发，即：要影响生活、要“改善”条件或以某种方式做自己关心的事。这种“功效愿望”可能是帮助生病的孩子的愿望，可能是解决紧迫问题的愿望，或是寻找安全感的愿望。现代科技就是扩大我们的功效的一种基本途径。但另一种途径是通过整合型（情感、心灵、身体和精神上）成长和智慧提升。这意味着提高我们与自然及我们相互之间的连通感，并学会一种生活方式，它会自然培育我们修炼成人的能力。

这两种途径不是相互排斥的。但转移负担到科技解决方案的事却很容易发生，从而忽视开发我们自己的能力。比如我们往往会因为使用计算器而忘记基本算术方法。我们到各种地方去都依赖汽车，却丧失了走路的乐趣。

我们通过现代医药缓解病症，却不去学习如何自我治疗。为了感觉更安全，我们购买更重的轿车，而不是去学习如何相互了解，共同创造更加安全的环境。我们大多数人对生活中真正有价值的品质的创造能力毫无意识，因为很久以来我们的文化就一直在鼓励转移负担，而不注重这方面的知识。通过提供给我们想象中的力量，现代技术降低了我们感觉中对开发自身能力的需要。一段时期以后，我们所知的一切就只剩下通过技术实现的能力了。

技术本身并没有什么不对：技术进步可以加深我们对宇宙特性的理解，同时丰富我们的生活。但与许多转移负担模式一样，越来越依赖现代技术的危险，是破坏我们对进步的根本源泉的注意力。技术能力和智慧水平之间越来越大的鸿沟，不仅是由于技术进步本身，而且在于它与人的综合发展的互动方式。一段时间以后，这种人的发展需求本身就被完全遗忘了。今天，我们主要用新技术进展

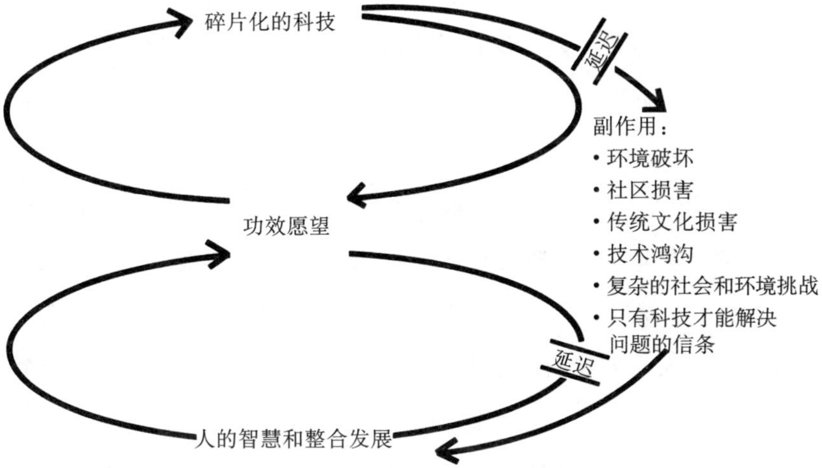

转移负担到科学技术

这张图显示一个通用的系统模式，即转移负担。它已经影响西方社会数百年，并同时以牺牲人的发展为代价，形成越来越依赖科技的社会状态。在转移负担机制中，症状缓解法，比如碎片化的科技，使用越多，开发根本解决方法的能力就越遭到损害，导致对症状缓解法的更大的依赖。今天许多最紧迫的问题，如环境破坏和技术鸿沟，都是这种转移负担过程的长期副作用，而且导致更多的症状问题，进而需要更多的技术反应措施。

来界定进步，而不是用广义的福祉提升来界定进步。所以说，我们的力量和智慧之间越来越大的鸿沟不是出于偶然或不幸的命运，而是出于我们创造的现代社会的基本结构。在我们看清这个结构之前，情况还会变得更糟。

而看清结构也越来越困难了，因为我们依赖碎片化科技的最有破坏力的副作用，就是社会和环境挑战变得越来越复杂了。历史上的人类所面对的是非常不同的社会和环境问题。如果当地的河流被污染了，结果就在那里，所有人都能看得见。人们或者清理污染，或者接受其后果。如果我们与邻居关系不好，冲突就在我们之间。我们的问题不管多严重，都是地域性的，与我们生活的地方有很近的时空距离。

但今天，人们的行为造成的许多社会环境副作用会影响世界的另一端。在世界一端做出的公司决策，会直接影响世界另一端的人们的生活。对国家也一样。比如，我们在美国的生活方式影响着世界各地的人，但我们却很难看清这些影响。当其他国家的人反对或向我们提出挑战时，我们却很难理解他们的行为。在系统思考中，这就是复杂性的具体含义，即因和果在时空上不再相近。随着复杂性的增加，对智慧的要求就增加了，尽管我们的智慧其实是在萎缩。

如果我们真想扭转权力和智慧之间差距扩大的趋势，就有两个基本选择。一是以某种方式停止或限制技术的扩张。有许多人反对技术进步及其在全球经济增长中的应用，他们用的就是这个策略。二是加强我们的根本解决方法的力度，即寻找方法来不断增加对人的发展和智慧提升的需求。最有效的途径就是在两方面都有内在功效的方法。正在出现的整合型科学就有这种潜力：在同一个过程中，既扩展具体的知识，又促进人的发展。认为这种科学能够取代目前的碎片化科学，是过于天真的假设；但可以说，如果没有这种进展，就几乎没有可能扭转转移负担的机制。

也许最重要的是，这场科学革命不仅关乎“科学家们”，而且关乎我们所有人。

新路径

“心与世界不是分离的，”罗施说，“心与世界是同一场境的两个方面……因为经历中的主客观方面作为同一个认知行动的两个不同极点而出现，所以它们在一开始就连在一起了……如果感官实际上不是在觉知世界，而是在参与心与物的世界的整体，那就必须从根本上重新理解感知本身。”

为了把这种对感知的新理解带入日常工作，惠普打印机喷墨供货部总经理格雷格·默顿（Greg Merten）邀请马图拉那举办了一系列为期数天的研讨会。对默顿来说，让很实际的工程师和经理人面对看似神秘的问题，如“认知的生物学”和“仁爱的生物学”，理由非常明显。“历史上惠普的成功，来自由创始人戴维·帕卡德（David Packard）和比尔·休利特（Bill Hewlett）践行的一组关于处世为人方法的指导性价值观，但公司的发展却让我们无法看清如何保持公司高层的价值观。高管培训关注的是学会做业务，而不是学会代表公司有效地与他人相处。我们变得越来越像个‘商业’，而不是人类社群了。一个人类社群围绕理解人性搞活动，有什么奇怪的吗？

“当我说，‘我们看到的不是世界的客观存在，而是我们自身的状态’，我是提出一个永恒的领导力训诫，并符合马图拉那在认知生物学方面的突破性工作进展。我们都倾向于认为自己是客观的观察者，但我们没有一个人是。假如我想看清‘外部’的变化，我必须先要看清‘内心’的变化。

“与许多其他组织一样，惠普面临的核心挑战，是世界中信息流动的方式。为了按照我们企业的路线发展，就需要新的体验信息的方法。马图拉那说‘仁爱是扩展智力的唯一情感’，这就提醒我们，合法性和信任对信息的自由流动，以及信息如何转变成价值，都至关重要。我们将需要更多地用心处世，这意味着我们的品格，以及我们相互之间的关系，对组织的繁荣而言越来越重要。”

看清正在呈现的整体可以从许多地方起步：新的整合型科学的大纲规划，采用不同方式一起工作的需要，或者推进灵性的发展。在香港，南老师说：“20世纪缺乏一种核心文化思想来统一不同的领域，经济、技术、生态、社会、物质、心灵和精神灵性。没有一个伟大的哲学家或思想家能够统一所有这些问题。”整合型思想的衰败导致大家都关注商业和赚钱，并把它们当成默认的共同目标。奥托告诉南老师，他觉得人类文化正处在新的灵性意识提升的前夜。南老师同意，但又说，这可能不会按照大多数人想象的那样发展。它“将与过去的灵性发展路线不同，不管是东方的还是西方的。那会是一种新的灵性发展路径。

“早在20世纪40年代，许多西方人就开始通过小乘佛教、大乘佛教、密宗和冥想来追求灵性解放。但他们都还没有进入核心：人的本性是什么？生命从哪里来？生命是为什么？

“对古代中国的领导者，重要的是发展一种文化来探索这些问题。这些在今天又变得重要起来。但因为过去几百年的发展，未来也会有所不同。现在是重新检验老的理论，并把它与科学结合起来的时候了。不能僵化地理解和相信那些东西”。

我们的被采访者都倾向于主要关注U的上行或下行段，这证实了整合思想的缺失。科学家，如瓦莱拉、罗施和伯涛夫特，探讨了深层观察过程的问题。“行动型的人”，如汉纳尔、韦伯、普斯里和高，则对创造过程的深层问题提出了令人信服的观点。但问题的核心是既要转化我们的观察能力，同时又要转化我们的创造能力。实际上，U型理论提出，南老师讲的核心整合思想，将会来自三种整合能力的开发：第一，新观察能力，使观察者和被观察对象不再分离；第二，新静默能力，使我们真正是谁和正在呈现的现实之间不再分离；第三，新的创造不同现实的能力，它使我们的头脑、心灵和双手的智慧不再分离。或者用奥托的话说，“正在呈现的是科学、灵性和领导力的新综合，它们将成为同一个生存方式的不同方面”。

发明家富勒曾说我们都是科学家。换句话说，我们都有能力开发本原觉知，看清生命的生成过程。今天，科学被置于显要地位，与过去宗教的地位类似。科学家们成为告诉我们事实“真相”的人，我们大多数人都成为他们的知识的被动接受者。

富勒的观点却与此不同。对他来说，科学是“梳理你的经验数据”的。他认为未来就在于修炼我们每个人心中的科学家。如果说科学是尚未完成的项目，那它的下一步就是重新把科学方法的严谨性与直接体验的丰富性连接和整合起来，建立有助于我们相互之间的连通、有助于我们与自己的连通，并有助于我们与世界连通的新科学。

| 第 15 章 |

体悟当下

2002 年 1 月

我们四人再见面已是隆冬季节。我们围坐在枫树街奥托家的书房里。从第一次聚会算起，仅过了一年多，但在许多方面的感受却好像是已经过了一辈子。

* * *

“过去一年来发生了这么多事，现在回头看我们的第一次聚会，仿佛我们已经生活在不同的世界了。”贝蒂·苏说，“大家都对危机四伏的现状提高了意识，也许对安魂人类的情景假设中的各种问题有所感悟，更容易接受了。但是，自从约瑟夫提出‘如何才能转变整体？’我就一直在想：如果转变整体要求的是多数人从未经历过的大规模深层变革，我们是否已经对此做好了准备？”

“《创造知识的公司》（*The Knowledge-Creating Company*）的合著者之一野中郁次郎（Ikujiro Nonaka）把这称作‘冲突角力的时代’，[1]我不得不同意这个观点。”彼得说，“这是一个思想碰撞的非常时期。一些事情在好转，另一些在恶化，此消彼长。一方面，人们好像都更开放地讨论那些没有简单答案的重大问题，就像马波海德那个群体提出的那类问题；也有更多的大型组织在严肃认真地面对这些问题。另一方面，虽然引发了这些应对反应，大多数问题却在继续恶化，而且好像激起了一股越来越大的、要维持现状的对抗势力。传统的心态和组织优先选项受到了严重威胁，这导致他们为了自身利益而奋力反抗。但仔细想想，这正是划时代变革过程中必然遇到的情况。”

“我总担心，在这种恐惧情绪弥漫的时代，大家会被引诱到一种简单化的叙述。”贝蒂·苏说，“对好人和坏人的简单化描述也许会在短期内减轻我们的焦虑。但我们现在应该避免过分简单化。”

彼得点头同意，他说：“世界各地兴起的宗教激进主义，是维持现状的对抗势力的一部分。有人在最近的一次SoL聚会上说：‘我现在更担心的是未经质疑的答案，而不是未经回答的疑问。’激进主义，无论是宗教上的还是政治上的，都会让我们回避深层问题，以及互相聆听的真正需求。”

“具有讽刺意味的是，由于媒体的全球化运作，实际上所有人都能够同时见证戏剧性的事件。”贝蒂·苏说，“尽管我们都接收了同样的画面，但个人体验却有所不同。许多美国人在‘9·11’恐怖袭击事件，或中东及非洲冲突事件中所看到的，与许多欧洲人、阿拉伯人或亚洲人看到的大不一样。如果有什么可以说的话，这些共同的画面凸显了我们在世界观上的深层差别。我认为人们已经逐渐意识到这些差别了，但这种认识又加剧了我们的焦虑情绪。”

“这就像是生活在割裂的世界里，”奥托说，“而且，野中郁次郎所说的冲突角力除了在公共场合表现出来以外，也会在个人身上体现。一方面，许多人在经历深刻的开放过程。但我们也在经历不断增加的压力、紧张和焦虑。时间进程在加速。与我合作的那些人、组织和我一样，努力试图在加速前进的同时放慢脚步。对反思和深层学习的需求在增长，满足这种需求的压力也在增长。”

“但是这种开放正在发生。值得一提的是，我们最近在危地马拉和南非等地的感知采访和实地项目显示，处在第一世界主流社会边缘地带的人是最开放的。”约瑟夫说。

“有些转变似乎正在发生，”贝蒂·苏说，“但这种转变还很微妙，很脆弱。”

“非常脆弱。”约瑟夫表示赞同，“过去5年来，我们的许多采访对象都谈到了使他们世界观发生改变的深刻的个人经历，但他们告诉我们的故事以前从未和任何人讲过。这种正在发生的开放过程很让人困惑，大家很容易产生孤独感。”

“还记得电影《肖申克的救赎》吗？”彼得问，“故事中有一段内容非常尖锐而深刻。一位老人在狱中生活了一辈子，70岁左右终于获释了。但他无法再过监狱之外的生活了，最后自缢身亡。我认为这段故事对我们所有人都有教益。它提醒我们，放弃过去熟悉的、舒适的环境而去适应新的不同的现实，仍将是很困难的事，尽管在新现实中我们获得了‘自由’，并与我们真正重视的价值吻合。

“我觉得我们的文化中的主导叙事方式就像一个监狱。这个叙事说的是分离：与别人分离，与自然分离，并最终与我们自己分离。在非常时刻，如奥托家中失火或约瑟夫在下加利福尼亚半岛的经历，我们能从这种叙事故事中挣脱出来。我们会用一种直接的方式体会到一个与自身融合、与他人融洽、与自然和生命亲近的一元世界。那很美丽，并让人肃然起敬。它从根本上转变了我们对世界和对我们自身的意识状态。它给我们带来很大的希望和未来可能性，但也带来很大的不确定性。我们突然间发现自己跳出了之前生活了一辈子的叙事方式，也会觉得难以接受。获得自由当然很棒，但同时也很让人恐惧。

“我觉得，从我们的采访中可以看出，现在越来越多的人正在‘越狱’，而许多人，如年轻人和西方的非主流社会人士，从来就没有完全陷入囚禁。”

“整个情况正如柏拉图的洞穴寓言。”奥托说，“假如你一辈子被囚禁在洞穴里，看到的不过是在墙上移动的阴影，突然间获释出洞之后，你只会觉得一片茫然。”

“我从自身经历看，那个寓言不只是个有趣的故事。”彼得说，“我们的文化的主导叙事方式并非自己的身外之物，而是我们自身的一部分，至少肯定是我自身的一部分。有时拉我回到洞穴或囚禁中，回到自己习惯的生活方式的压力，会难以抵挡。

“佛教里有句话，说的是没有比改变自身更难的事，大致意思是习气难断，烦恼难除。暂时的超觉体验，临时超越洞穴和囚禁的状态，是一回事；而这种意识状态的稳定，又是另一回事。这两者有很大不同。而再回到洞穴中也会很痛苦，因为你已经不再适应那里了。你现在知道自己传统的生活方式真是很局限，因此你会感到被困在两个世界之间。你身体里的一部分想要逃离阳光的刺激，回到洞穴，但你同时也越来越不适应洞穴中的生活了。”

“这让我觉得，采访的最重要的意义，可能就是帮助大家看到：自己并不孤独。”贝蒂·苏说。

“大家真心希望能够分享自己的故事，”奥托赞同道，“但同时也常常担心被当作异类。他们也许不知道，许多人都有主流世界观无法解释的更深层的经历。”

“文化历史学家托马斯·贝利（Thomas Berry）说，今天这个时代的主要问题，是我们处在‘叙事故事之间’。”彼得说，“贝利认为，维系西方文化的叙事方式，即还原论科学和救赎型宗教的叙事，正在崩溃之中。它已经明显无法继续解释我们的经历，也无法解释我们所面对的变化过程了。”[2]

“也许在洞穴外面徘徊的人比我们想象的要多，或者至少他们在接近洞口处摸索着。”贝蒂·苏说，“一个文化的主导叙事方式的核心是其主要神话，它决定我们怎样去理解世界。除了还原论科学和救赎型宗教，我们其他的主要神话，如‘英雄’神话，也在崩溃之中。我们不能原地等待，直到有一位伟大的领导者出现并拯救我们。可能许多人仍然希望这样的事会发生，但我认为真相信这种事的人越来越少了。而在过去100年的大部分时间中，我们的经济神话也没有带给我们很好的结果。我觉得大家正在清醒过来，认识到这种经济神话的不完整性。大家在质疑：短期的自我利益是否真能解决我们的问题？”

“这些叙事方式界定了洞穴中的生活，”彼得说，“它们是同一个分离与孤立的故事中的不同线索。但洞穴之外的新故事，还没有足够清晰、足够简明、足够广为人知，所以无法形成新的思想社区。我觉得我们被困在两种叙事方式的夹缝之中了。”

“波姆说，他的隐性秩序理论首先是一种语言，一种共同思考和交流的新方法。”约瑟夫解释道，“也许第一位的需求还不是新故事。在文化中形成新的主导叙事方式需要很长时间。也许我们现在需要的就是一种新语言，它可以让我们连贯一致地思考和探讨这些事。”

“也许我们的U型理论就是在做这个。”贝蒂·苏说，“我们在试图开发一种语言，来帮助大家共同思考和探讨如何让整体发生转变。对当今世界的问题知道得太多容易让人陷入恐惧和否认心态。我们需要的是一种给人希望和可能性的语言，它要以科学界、实业界和社群中的创新者的经历和思想为基础。

“如果人们需要的正是一种语言来思考和探讨不同的处世为人之道，如果U型理论可能提供了这种语言，那么我们目前的进展如何？”

“我觉得其基本理念在过去一年里已经清晰起来了。”彼得说，“U的下行段，转变我们习惯的观察方式，描述了一个清晰的过程，我觉得大家都能理解。类似的，U的上行段，转变我们意识觉知的源泉，对各个领域的企业家和创业者来说肯定也都很熟悉。”

“而罗施、韦伯、瑞、伯涛夫特、拉奥、哈克和瓦莱拉等人的洞悉，为我们提供了更准确的方法来描述两个阶段里所涉及的各种能力和微妙差别。”奥托说。

“我发现，与我们合作的许多人，是在回忆起自己真正忠于自己的承诺投入经历时，才激发了真正的理解力。”约瑟夫说，“一旦他们经历了其后发生的共时性事件，他们就会有一个亟待解决的问题，即如何才能让它更可靠地出现？

“很显然，大家对U型理论有不同的理解。有的人对U的下行和上行段所涉及的独特能力感受很深。另外一些人好像理解了它的整体运行，但对具体的各类能力和不同侧面并不很感兴趣。还有的人对观之以心和对超越自我的开放性，以及支持整体的自发行动，有很多感受。”

“根据我的经验，大家最难理解的地方，”贝蒂·苏说，“就是U的底部：呈现当下。”

“对，如罗施所说，那正是‘心中之心’，”彼得说，“是整个理论的实质，也许也正是我们对‘转变整体’过程的新发现。”

“U形底部的谜团……”贝蒂·苏缓缓地说道，“最终可能无法给出完整的解释。有些东西是超出人类理解力的。而且，试图在分析的道路上走得太远是不明智的，有人也会说，是傲慢和不敬重的。”

“为什么是傲慢和不敬重的？”约瑟夫问。

“它的意思是在‘神灵’面前，在心智能力以外的东西的面前，你不够谦卑。”

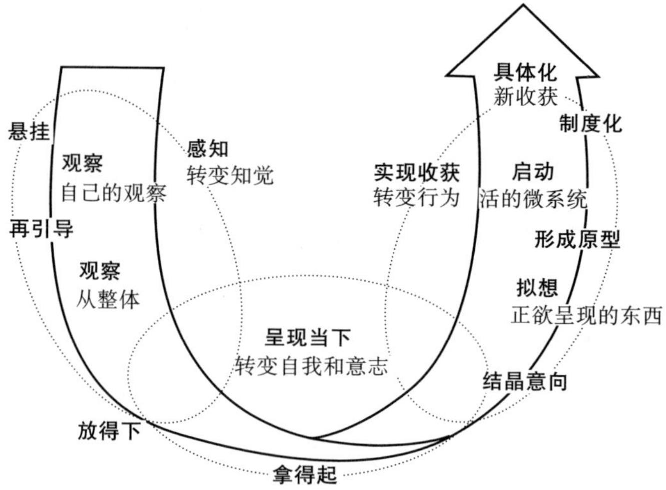

U形过程的7种容纳力

整个U形过程依赖7种核心容纳力及其所产生的行动。每一种能力都是通向下一个行动的门户：悬挂观点的能力使你能够观察自己的观察，而形成原型的能力使你能够启动活的微系统代表。但只有在所有7种能力都得到培育以后，才可能完成整个U形过程。

“也许这就是我们能够达到的程度了。”彼得说，“我同意，试图寻找‘官方正式解释’是不明智的。但我觉得我们各自对呈现当下的体验和理解方式都有微妙的差别。梳理这些差别是有益的。

“我们所说的‘呈现当下’是什么意思？与未来有不同的关联的能力又是什么意思？具体说，约瑟夫和奥托，你们两个经常讲：要意识到‘一个正欲呈现的未来’。这好像意味着未来是有意向性的。大多数人不会立刻理解这种说法。这与你们的经历相符吗？”

“是的，我觉得相符。”约瑟夫答道。

“我的观点有所不同。”奥托说，“对我来说，呈现当下是‘预先感知’并带到体悟范围，也是带到当下时刻。感知的对象是你最高的未来潜力。那不只是某个抽象意义的‘未来’，还是我作为人的最大的未来可能性。”

“那‘正欲呈现’这个词是否意味着意向性呢？”彼得问道，“你怎么看的？是有某种叫作‘未来潜力’的东西在那里‘想要’到当下时刻来吗？”

“是的，”奥托答道，“但那不是外在的东西，而是与我们最高的自我不可分离的现实。瑞称之为你的‘大我’，大写的S[①]。我不是指‘在外部’的分离的未来在向我召唤。把我们的现实看成‘在外部’的东西是二元论的‘主客体’观念。在U形的底部，这类二分法已经消失了。

“关键是你的最高未来可能性，是与你自己的最高志向目标或意向联系在一起的。那是你为你自己、为你的生命建立的意向，也许甚至是在你出生以前建立的。”

“你是说这个意向是在今生之前，在许多世里建立的吗？”彼得问。

“嗯，对我来说这是个合理的问题，”奥托说，“那超越了我的意识经验，但我认为是一个完全合理的假设，可以用来观察事物。我们要知道，可能世界上有一半人是相信转世的。只不过它不属于我们西方的物质主义文化。”

---

① “大我”的英文是Self，首字母为大写的S。——编者注

“换句话说，我们不应该自动拒绝这个观念。”彼得说。

“对，”奥托说，“探索你的这种未来潜力，你不是在寻找别人制定的未来，这一点很重要。它是与开发你自己的真实的大我紧密相连的，即与开发你究竟是谁这个问题直接相关。它是灵活、开放地与你自己对话的过程。然而，它的精髓又与大桥良芥所说的、你自己的最陌生的部分相关联。这就是为什么布伯曾说：‘它需要你，以便能够降生。’我曾体验过这个演进中的未来之势场，就好像它真在那里‘看着我’。那一刻，我感觉到那个凝视，感到世界完全停了下来。之后你就完全变了。”

“没错，但还有个‘它’在里面。”约瑟夫说，“这里我的经历有所不同，奥托。布伯说，‘根据它的意愿而促成其实现’，这意味着，并非有一个、两个或无穷多个可能性等在那里要结成果实。对我来说，那是变成生命本身的工具，以便从某种意义上能够成就生命（或上帝，或随便你用什么称谓）希望我成就的东西。”

“那么约瑟夫，再回到意向性的问题。听上去好像你对生命有其意向性这个理念感到很惬意，”彼得说，“对你来说，布伯的用语‘根据它的意愿’，是恰当的吧？”

“是的。这些年来我越读这句话，越觉得它明确描述了我的经历。对我来说，‘根据它的意愿而促成其实现’意味着将我们自己作为工具，让某种更好的东西出现，保持对我们更大志向目标的开放。

“我相信每个人生下来就有一个使命，或志向目标，而生活的旅途就是去发现它。我读格林里夫（Robert Greenleaf）的《仆人领导力》著作就是这么理解的：仆人领导者的最终目的、终极追求，就是去发现符合其使命的个性品质资源，并发现智慧和力量，用那种方式去服务生命。[3]

“在过去一年里，我们现在称为‘全球领导力计划’（Global Leadership Initiative）的想法每次一出现，我都有非常强烈和集中的感受，即这就是我要做的事。第一次是在下加利福尼亚的交流中出现了对这种可能性的考虑，那是个种子；然后它在马波海德再次浮现；最后这个想法在斯托变得清晰了。我知道这种体验对每个人来说会有所不同，但对我来说，这就是摆在我面前的道路，是未来对我的召唤。我觉得当你知天命的时候，就有一种内心充实和根基深厚的感觉。焦虑消失了，担忧减轻了。即使它很模糊，而且一定会很模糊，但你会觉得‘得去尝试下一步，一定能做成’。结果还真成了。”

“我对你所说的感受也很有共鸣，”奥托说，“然而我不一定会假设，那条道路是由上帝，或别的什么东西设置好的。也许作为人类，我们参与道路开辟过程的程度，远比我们了解的要高。”

“我也理解约瑟夫说的。”贝蒂·苏说，“但我要补充的是：有些人感到迷惑，不能理解‘作为工具，让某种更好的东西出现’这句话，因为它听上去是要把你变为不会思想的工具或奴隶。我觉得必须有承诺和行愿，才会真正形成作为‘工具’的容纳力。按我的想象，这个工具是一个生命的舞者。当你做出这种承诺和行愿时，你的生活就完全改变了。

“在《圣经》里，先知以赛亚说，“我在这里，主！请差遣我'。但如果没有自由选择或自由意志，这个与天命之舞也不可能开始。"

"我理解丧失自主性的恐惧，但那与我的经历完全相反。"约瑟夫说，"布伯说得很漂亮：'自由和天命互相庄严承诺了，它们的意义连接在一起了。'[4] 当你说的那种承诺出现以后，就会觉得你好像在遵循天命，履行使命。但你也会觉得，你有了前所未有的自由。这是个巨大的悖论。"

"我觉得，那是因为自由有两种：外在自由和内在自由。"彼得说，"外在自由是我们通常说的自由：外部的力量是否在限制我的行动。内在自由很微妙，它是指我们的行为在多大程度上受到我们的习惯的控制。我们可以看上去很自由，因为没有人在控制我们。然而我们的行为却完全被惯性思考方法控制，完全根据对环境的反应行事。

"我认为布伯所说的自由属于后者，是意识的觉醒：我现在可以自由地做任何需要做的事，来完成我的使命，不再被过去的习惯缠身。"

贝蒂·苏点头道："对我来说，那个动机和意向，那个情愿服从的心态，实际上会造成一种场，它导致呈现当下的体验。但那个呈现当下的时刻是个深刻的悖论。这正是谜团所在：一种开放状态使某种深度和层面的东西呈现出来，但又无法描绘，不可言传。这不仅是另一个空间或能力，而且是某种特别的东西。"

"这是对服务的召唤，但我们大多数人一辈子都否认这种召唤。"约瑟夫说，"这个召唤是让我们投入某种比我们自己更大的事业，并成为我们本应成为的。”

“这让我想起南老师说过的话，”彼得说，“记得他说的儒家《大学》七步修养中的最后一步：‘虑而后能得’，取得你想达到的成就，你本应达到的目标。

“但我还有一个疑虑，不是关于我们描述的理念，而是我们使用的语言。我们谈论的经历对我们自己是非常真实的，也很自然地用符合我们自己文化和传统的方式谈论它。但‘回应对自己的召唤’或‘上帝的意志’这种说法在其他文化中可能难以理解，甚至会表明我们所说的都是西方的概念。那对我来说将是重大损失。比如在佛教中，‘上帝’这个词是很少见的。”

“佛教会使用什么词呢？”约瑟夫问，“也许是‘生命’的召唤？”

“可能要不止于更换词汇。”彼得说，“实际上我觉得我们探讨这个的整个方式，在某种意义上更像是佛教的方式，而不是西方的方式。

“我对佛教理论的理解很有限。但我认为它要从入门的准备工作做起。换句话说，那是一种强调修炼过程的方法。谈论‘上帝召唤的服务’可能存在的问题是，它仍旧是很概念化的：那是我对上帝让我去做什么的‘解释’。真正的区别是‘概念’和‘体验’之间的区别。体验到或证悟到了升华，达到为上帝服务、为生命服务或为宇宙服务，或别的什么词汇的程度。体验到与仅仅信仰这种服务之间是有差别的。

“这也是很不好把握的区别。所以佛教的方法在于严格的修养程序。开始是注意眼下的生活方式，以及我们自己制造的思想禁锢的影响。我们说过，在把握自己的心念之前，在‘安心’之前，我们是无法超越这种自我思想禁锢的。只有‘安心’之后，我们才能对正在呈现的东西开放。

“佛教理论的核心是人存在于相互依赖的秩序中。[5]一个是现象的领域，化身世界，它包括摸得着的东西和触及不到的东西两种现象世界。另一个是无限的、绝对的、超觉的、普适的世界，它超越形色、思想和任何‘东西’，通常叫作‘如是’或‘真如’。人类存在于这两者之间的交叉地带，在旧经文上叫作‘如来藏’。梵文Tathagata，即如来，是释迦族的乔达摩·悉达多，即历史上的佛陀的最早称谓之一。后来它成为‘真如’或绝对真理的同义语了。梵文garbha，即胎藏，意思就是‘子宫’和‘母体’。所以，根据我们的本性，人类就被认为是存在于绝对真如界和现象流转界这两者的阴阳交感互动的母体中。我们不是只处在其中之一，而是处在两者之中，因为如果没有真如界，现象界就不存在，反之亦然。这是佛教非二元世界观的关键所在。两者不可分离，相互渗透。根据佛教理论，大彻大悟之所以可能，正是由于我们既存在于真如界，也存在于现象界。

“因为这个胎藏，这个真如与现象互动的地方，我们所谓的‘体悟当下’才是可能的。我认为佛教可能会说，实现体悟当下的程度，取决于我们个人和集体开发的容纳力，在多大程度上能让我们的意识延伸到这两个领域中去。我们通常习惯于现象界，只注意摸得着、看得见的东西，甚至把我们自己也看成是物质的东西，即我们的身体。但我们天生就有这种更大的容纳力，它是可以修炼出来的。”

“而U形过程的深层学习环路，提供了一种描述这个修炼过程的语言。”贝蒂·苏说。

“对，特别是当U形过程用在很长的时段时。这就是为什么它与南老师解释的儒家领导力开发理论有如此高的吻合度。”彼得说。

“所以说，西方主要宗教所想象的超觉的、外部的上帝，在东方宗教里被看成是内在固有的东西。”奥托说。

“对。”

“真正的核心点应该是，要用很长时间践行研究、冥想及其他各种个人修炼方法。这是建立容纳力、成为服务的‘工具’的基本要素，对吧？”贝蒂·苏问。

“很准确。”彼得说，“这不仅是信仰的问题，或想要成为工具的问题。你必须开发那种容纳力。这就是为什么我说佛教的理念是关于修炼过程的。修炼有三个基本方面，这是必须用功夫的。首先，你必须打坐冥想，或‘修行’，必须有安静内心世界的功课方法。其次，你必须研究学习：经文、公案、律法书、《圣经》等任何能帮助你明白理论的文字。最后，你必须承诺投入服务，佛教称为‘发愿’。修炼是从这三个方面全面推进的。

“佛教强调的修炼已经在主流基督教中消失了，但仍然存在于基督教神秘教派和其他宗教的神秘教派。

“另一个关键点是佛教对理论何时和怎样才有用的看法。佛教会说，你首先要重视修行和服务。直到你真正得到静默，否则这些理念、理论和探讨就只是概念的东西，并且会阻碍你修炼的进程。

“但总有一天你会需要理论知识。当练功打坐产生你不能理解的现象和经历时，你就需要更好的理论知识。不然的话，如果试图用‘世俗的’，或者我们所谓‘物质主义的’思想方法去理解超觉体验，修炼只会出现倒退。”

“这正是我们所说的，我们作为前洞穴囚犯，需要有合适的理论和语言！”贝蒂·苏兴奋地说，“这就是为什么我现在认为，我们在一起合作基本上就是学习如何阐述一个理论，一种理解和沟通的方法。显然，各种精神传承在很早以前就已经提供了这种语言。但我们需要适应当今世界的语言：能够既针对个人，又针对集体，还要超越传统的部落、民族和文化的界限。”

“没错，”彼得赞同道，“但新理论在多大程度上有用，要看是否有足够多的人能够通过自己的体验看到对不同观点的需求，并看到他们在这方面的需求并不是孤立的。所以，采访并分享个人和群体体悟当下的经验，也是很重要的。”

* * *

“我们观察到的一个现象是：许多人的这类经历，完全是在有组织的宗教活动之外发生的，”奥托评论道，“是在社会沟通和社群活动背景中发生的。实际上，人们对灵性的探讨，大都是在私下发生的。他们的灵性经历超出有组织的宗教界限。”

“这一点很重要。”彼得说，“另外，我也注意到：试图在各种宗教之间搞综合的努力都很徒劳，比如搞价值宣言。《联合国人权宣言》很好，文字写得很有分寸，让不同的宗教都能够接受。但我认为它完全没有抓到要害。我认为我们想说的是，这场转变的基础必须是实际经历，而不是概念。这种超越的经历必须在‘日常生活’中发生。”

“这已经在发生了。”约瑟夫说，“和我们几人一样，在我们的社会、社群和组织里，人们在完全服从自己的承诺时，都发现了异乎寻常的力量。”

“这与那些主流机构的崩溃状况相符，人们失去了对这些机构的信心，”贝蒂·苏说，“因为人们不再信任传统的组织的形式和结构，假如有哪个组织想扮演这种经历的保护者的角色，就会引起反弹。因为体悟当下的潜力是固有的、无处不在的，它可以在任何地方出现。没有人，也没有哪个组织，可以要求拥有权。”

奥托点头同意，他说：“思想前卫的艺术家约瑟夫·鲍依斯（Joseph Beuys）说，‘今天，神秘和不可思议的事不再发生在教堂里了，而是发生在大车站里’，发生在日常生活中。”

“因此需要谈论这些经历和这种深层转变过程的语言，需要去掉宗教性，也不是行话和术语。”贝蒂·苏继续说道。

“具体说，我还是觉得‘转变整体’这个词很别扭。我会常常把它想成某种全球规模的有组织的行动。我担心，大家听到这个词时可能就不想干了。再说，究竟谁能在全球舞台上表演呢？巨型跨国公司的CEO，或国家元首和政府首脑，或联合国高级官员，他们有时还可以，但我们大多数人是不行的。明白我的担忧了吧？”

"明白。"彼得说，"有时我也有这样的反应。使用那种词汇，就好像我们把自己划成局外人了。"

"而我们所学到的，从波姆、伯涛夫特、卡巴津恩、罗施等被采访者那里，以及回溯历史一直到歌德，都证明这是错误的。"奥托说，"正在生成的整体是在局部层面体现的，它体现在具体的社区和群体，并最终体现在我们每个人身上。"

"因此，"贝蒂·苏说，"根据你的说法，'转变整体'这个词尽管听上去像是个综合性的全球议程，但实际上却是相反的意思？"

"这都看你是怎么理解'整体'一词。我们说的是感知在我们自己内心正在展现的整体性，是在当下的情境里，并产生服务于这个整体性的行动。"奥托说，"另一种整体概念，即'综合性全球议程'的整体概念，就是引向死胡同的概念，伯涛夫特称之为'假冒的整体'。"

约瑟夫笑道："又是一个悖论。服务于正在生成的整体，就意味着关注自己意识里的当下，完全局部性的当下，并服从于这个当下对自己的要求。"

"因此我们有一个新的系统公理，"彼得说，"'最系统的东西就是最局部的'。我们能影响到的最深层系统，就编织在日常生活中，达到最小的细节。

"理解这一点对我们非常重要。我们每个人都可以改变世界，但只有在我们越来越多地体悟当下的整体性时才有可能。这是波姆所说的'进化我们的意识境界'，它对理解隐性秩序是必需的。现在我看到，这也是佛教所说的修炼意识的法眼：'在现象中看清真如’。”

“也只有在我们学会把自己当作比我们更大的生成中的东西的工具时才行，无论我们在哪里行动。”奥托说，“比如作为父母、公民、社群组织者或跨国公司的经理人。

“这让我意识到，我们还没有谈到这些东西的负面作用。”

* * *

“最近在维也纳，我从电视上看到对希特勒的秘书的采访，”奥托说，“真不可思议。她描述了1945年在柏林的最后几个星期的感觉，少数几个人还在执行他们的疯狂计划，即使是在四周都被轰炸，他们很明显要走向毁灭的时刻。

“整个采访中，她一直在说已经记不起自己经历的某些方面了，记不起她的情绪或当时的感受了。当战争越来越接近尾声时，她几乎就像是‘自动驾驶’一样。她记不起任何情感，记不起她感知或感觉的能力，更不用说深层的志向或意志。就好像这些都被‘深度冷冻’了。

“但在她讲述的过程中有些事情发生了。采访结束时，她的表情完全变了。在说到最后崩溃的那几天时，可以清楚地看到深深印在她脸上的恐惧表情，特别是眼睛四周。她体验到了自己的情感，并随着这种情感的‘解冻’，她与那些事件建立了情感联系，这是她当年无法做到的。

“在战后的后半生里，她在不起眼的机构里做了隐姓埋名的志愿者。采访播出第二天她就去世了。之前几天，采访人——一位奥地利著名艺术家——碰巧和她有过最后一次谈话。在那次谈话中她告诉他说，自己终于第一次原谅了自己。[6]

“如果说希特勒是邪恶的典型，那么这个采访对解释邪恶的运作方式提供了有趣的视角：那就是冷冻深层容纳力。那是让你从恶如流的机制。这位受访者花了半个世纪才理解到这一点。”

“这是变成不是你自己的意志的工具的极好案例，”贝蒂·苏说，“那也正是为什么大家谈论变成工具的危险。你可能变成某种机器人，不再处于有生成力的胎藏里，失去人性。”

“我觉得这个故事对我们所有人都很有意义，”约瑟夫说，“奥托刚才讲的正是我们谈论的东西的反面。我们谈的是服务生命，而那则是服务毁灭。”

“我觉得我们现在谈的并不是非常罕见的事，”彼得说，“这个例子非常淋漓尽致，我们都站在‘另一边’，谈论‘他们’，那些人。但我们也在描述大多数组织里的大多数人的生命状态：当我们被利用，作为工具来服务于某种不是生命的目的时，我们就丧失了情感，丧失了感知的能力。我们就机械地完成了动作。这是无时不在发生的事，比如，当公司就是为了赚钱而赚钱时。”

“你们知道，纳粹德国的人民当时认为他们在服务未来，只不过是一种不同的未来。”贝蒂·苏说。

“没错，”彼得说，“而且，就像希特勒的秘书那样，处在这种情况下，我们会用不停推进工作的需要来维护自己的行动：维护现状，完成手头的任务。和她一样，我们会说：‘嗯，这就是眼下必须完成的事。很快就会结束的，然后我们就能做别的事了。’”

“彼得，你这个描述揭示了现代组织中许多人的生命状态特征，这让我感触很深。”约瑟夫说，“对一位高管的一次采访，让我永远不能忘记。我们谈话深入以后，他越来越放得开了，开始谈到他在生活中做过的许多妥协和让步，以便能在公司里‘向上爬’。当时他还并没有想过太多，就好像只有这么做才能成功。他也说了完全一样的话，即他已经完全丧失了感觉和感知的能力。最后他看着我说，‘我真不喜欢我现在这个样子’。”

“所以说，变成工具的负面就是丧失自主性，丧失自己的意志，丧失自己真正做选择的能力。”奥托说。

“对，还有我们的人性，即我们感知和感觉的能力。”贝蒂·苏说。

“但如果我们真正坦诚地说话，这不正是我们所有人在世界上做的事吗？我们都参与推进的所谓‘全球化’，不正是这样吗？”彼得质疑说，“假如你问我们当中的任何人，或者问今天全球社会中的任何公民，是不是真想通过我们的采购决定来毁灭物种？我们会说，‘不是，当然不是！’如果你再问：是不是真想要促成全球变暖和两极冰盖融化，或不让发展中国家的人民得到清洁的饮用水，因为我们从那些不断扩张的软饮料生产企业购买产品，而他们拥有这些水源？我们的回答也会完全一样。但这些正是目前发生的事。我们的采购决定，通过世界范围的组织网络的协调，使我们得到那些商品和服务。就像你那位高管，约瑟夫，我们也必须这么做才能成功。而且我怀疑，如果我们真能看清我们的行为所带来的后果，我们也不会喜欢我们自己现在的样子。

“我怀疑我们与希特勒的秘书究竟有多大区别？我们都在这个巨大的现代全球经济机器的内脏里，被当作工具来服务于它的目的。我们集体创造了这个机器，但却感到个人被困其中。我们已经把那么多的负担转移到这个机器身上，以至于看不见有多少选择余地，尽管不同的选择是存在的，就摆在那里呢。我们已经不再能回到森林里，过原始的田园生活了。所以我们把自己对正在发生的事的感知能力‘深度冷冻’起来，并否认自己的生活方式所带来的更大后果。”

“这又是囚徒的情景，对吧？”贝蒂·苏说。

“没错，”彼得说，“我们生活在洞穴里，并由此让我们的感官迟钝下来。”

“而且我们还破坏了其他人选择不同生活方式的权利。”约瑟夫说。

贝蒂·苏点头同意。彼得又说，“这就是为什么这个成为工具的概念会这么棘手。我们可能对它很兴奋，因为我们知道它的潜力，但它也会引起深层恐惧。在某种程度上，我们知道我们已经被当作工具了，但那不是我们的选择，至少在一定程度上不是。”

“这就是为什么我们需要服务的召唤，修炼的召唤。”奥托说。

“非常正确。”彼得说，“没有别的办法能让我们走出这种困境。我们可能无法一夜之间改变更大的系统，但我们可以承诺投入不断的意识提升和选择能力的开发。这就是为什么个人修炼如此至关重要。它会让你保持敏感性，并‘留在胎藏中’，可以这么说。”

“选择能力是关键，”约瑟夫说，“它与我们的意识水平相关。

“不久前，我和亚当见到了卡罗斯·巴里奥斯（Carlos Barrios），他是当地长老选出的玛雅牧师，学习并传播玛雅文化对世界和谐和统一的愿景的理念。和他会面很不同寻常，就像阿瑟、米尔顿及其他加速我们发现和理解U型理论的人一样。卡罗斯解释说，玛雅人的愿景与玛雅历分不开。我想起米尔顿说过的：玛雅人是真正的‘时间大师’。根据卡罗斯的说法，玛雅历是由不同时间长度的多个循环周期组成的。可能最著名的周期就是‘长夜’周期。在科尔特斯（Cortes）1518年抵达墨西哥，并开始欧洲人对当地民族的殖民化进程之前500年，玛雅人早已确立1518年为长夜周期的起始年。日历上说，这个周期是黑暗时期，世界各地的人民都被物质主义征服，人心会变得冷漠。长夜周期要经过9个52年的周期循环，总共468年。日历还描述了几个不同的短周期，是转换时期。卡罗斯说这些转换周期的最后一个会有‘新生儿出世’，从2001年8月17日起，共13年。在玛雅文化里成年是在13岁生日。卡罗斯说这个周期代表‘创造新世界的机会’，但‘这个新生儿的出生是伴随着巨大的混乱和剧变’。

“听卡罗斯说完这个，我就拿出我的日历本，结果发现8月17日那天，我们6个人在斯托围坐聚会，并承诺投入创立我现在会称作‘全球领导力计划’的工作。卡罗斯说这并不让人吃惊。那一天世界各地的人们都做出了许多有生成力的选择。

“召唤已经清晰了：在这13年里，我们必须竭尽全力创造人际间的平衡和连通。‘我们面对这些问题，’卡罗斯说，‘是因为我们丧失了联系，不仅是我们之间，还有我们与整个自然的联系。我的

志向目标是帮助人类理解：自己正面对毁灭的危险，除非我们能够重归与自然的平衡与和谐。'

"他讲这段话时，我脑海里出现了米尔顿在下加利福尼亚说的话：'人类的命运在很大程度上仍然掌握在我们手里——我们必须在精神和心灵上完成深层转化，这包括我们之间及我们与地球的关系。'这就好像在说，我们必须保持清醒的意识：我们的每一个决定都有正面或反面的影响力。而这些决定就是我们感知和体悟当下的程度的直接反映。

"人们对先知预言持怀疑态度，这很有理由。但我认为，如果运用得明智、恰当，它也可以起到像情景假设那样的作用，比如安魂人类的情景假设。我们也可以把它当作预测，但那样就会失去其效力。它对我们如何看待现实，如何做出选择，具有最大的影响力。世界上的各种影响力都是我们造成的。我从心底知道，如果我们有决心学会观察，那我们就有能力创造不同的影响力。"

* * *

天色已晚。贝蒂·苏问道："如果用一句话来总结我们现在对体悟当下和U型理论的核心内容，该怎么说呢？"

"心灵的深层开放，并带到行动中去。"约瑟夫说。

"一位印第安老师菲尔·莱恩（Phil Lane）说：'你人生中最长的旅途，就是从大脑到心胸的神圣之旅。'

"我大概塞进两句话了。"约瑟夫补充道。

我们都笑了。然后奥托说："对我来说，体悟当下的核心是共同的觉悟，通过与我们的最高未来大我连通，并从那里行动，来觉悟自己究竟是谁，同时利用这个大我作为实现新世界的工具。”

“我觉得，它是创世之火的燃点，它通过我们进入世界。”贝蒂·苏继续说道。

“有人最近问我，怎么向8岁孩子解释所有这些？”彼得说，“我不假思索地回答道，‘我们对自己创造新世界的容纳力，还一无所知’。”

|尾　声|

“人类消失后，猩猩就有希望了吗？”

2002年4月

我们最后一次在枫树街会面是在一个美丽的春天的早上。树上的花朵刚刚开始绽放，待在房间里可以清楚地听到街上孩子们嬉戏说笑的声音。谈话慢慢进入了主题。

*　*　*

“你们知道，还有一个问题萦绕在我心头。”贝蒂·苏说，“还记得我曾催促你们解答‘U的底部’会发生什么，而我们的结论是：会发生某种志向目标感的转化，对吧？这不完全是个人方面的目标，而是像奥托所说的，要对更大的自我和更大的志向目标开放。

“我就怀疑，是不是我们在探索的，其实从某种意义上来说全都是关于志向目标的。假如有越来越多的‘前囚徒’被吸引过来，并对更大的志向目标有了更深层次的理解，在他们当中是否会出现一种‘集体的’志向目标感呢？它是否会推动整个U形过程？”

“‘集体的’层面有很多，你是指哪一种层面？”彼得问。

“嗯，所有层面都有可能，从一起工作的团队的志向目标，到整个人类的目标。”

“有可能。但我认为，我们在目前的状态下还很难顾及人类的目标这个问题。

“还记得丹尼尔·奎因（Daniel Quinn）的小说《以实玛利：大猩猩对话录》（*Ishmael*）里面那个主人公和猩猩的对话吧？[1]那本书对我的影响很大。它清晰地揭示了农业革命（奎因称其为‘极权主义农业’）如何开始让我们越来越脱离自然。但故事里有部分情节我一直都没搞懂，这些年来一直萦绕心头。

“小说一开始，主人公回应报纸上的一则广告，好像是‘老师招收学生，报名者必须有拯救世界的意向’。他找到广告上说的地方，一处没有门牌的建筑，然后按照广告的指示，走进了一间黑暗的办公室。眼睛慢慢适应以后，他发现自己坐在一处大玻璃窗格旁边。对面坐的是以实玛利——发广告的大猩猩。

“后来发生的对话，其实是U的下行过程。以实玛利引导主人公学习如何‘观察’一些深层假设观念，也是几乎所有现代社会共享的、认为理所当然的观念。我们都难以察觉这些观念所造成的影响。

“我开始看那本书的时候，觉得一个人和一只大猩猩用心灵感应的方式对话，太假了，太不自然了。”奥托说，“但看到后来，我意识到与另外一个物种进行对话，能够有力地揭示我们自己无法看清的集体性的共同假设。”

“就好像约瑟夫在与鲸和海狮的‘对话’中所‘看清’的东西。”贝蒂·苏说。

“没错，”彼得说，“但在第一幕中有些值得回味的描述。你记得以实玛利背后有什么吗？”

“是一个标牌，挂在墙上。”奥托说，“但我记不起上面写的是什么。”

“上面写着：‘人类消失后，猩猩就有希望了吗？’”

“你觉得那是什么意思？”贝蒂·苏说。

“主人公显然搞不懂，他觉得这似乎是一种禅宗公案，一种字谜。”彼得回答道，“他对这句话的模棱两可表达了困惑和沮丧之后就置之不理了，而且直到小说结尾都再也没提这句话。”

“这个问题是很奇怪。所有迹象都表明，大猩猩在人类消失后，肯定会活得更好。”奥托说，“大猩猩和许多其他物种的生存，现在都受到了人类生活方式的威胁。但这句话却好像暗示相反的含义。”

“没错，”彼得说，“这句话看似不合逻辑，但我觉得它其实是在提出一个问题，而这个问题关系到书中主人公的整个U形下行历程，也许还关系到我们的历程。

“如你所说，我们人类是大猩猩的生存威胁，这一点每个保护大猩猩和其他濒危物种的人都同意。假如人类消失了，大猩猩就不需要人类保护了。那么为什么以实玛利要问，人类消失以后，是否‘大猩猩就有希望’呢？在我们看来，这是毫无意义的问题。而我认为，那才是问题的全部要害。

“以实玛利问了一个根本性的问题：也许大猩猩真的需要人类，但不是为了保护，而是为其他更多的东西？这个问题我们已经不再探讨了。它涉及我们作为一个物种的志向目标，在更大的生命网络中的目标，在宇宙中的目标。我认为我们不讨论这个问题，是因为我们已经不再把自己看成是宇宙的一部分了。我们只看到人类自己的目标：我们想要什么，怎样改进我们的生活。我们对如何可能为生命整体谋福祉不再感兴趣了。这就是为什么像贝蒂·苏问的志向目标这种问题，对我们今天的人类来说，已经毫无意义了。”

“这意味着我们根本就没有更大的志向目标，”约瑟夫说，“我们就是在追求自己的需要的满足，追求自身的利益，按人类自己的方式建设世界。如果我们与人类以外的世界完全隔断了，怎么能有更大的志向目标呢？”

“我们把周围这个有生命的宇宙仅仅看成是供我们攫取和利用的‘自然资源’。”彼得说，“我们甚至把DNA这个生命本身的程序看成可以被我们开采的东西，让它符合我们的需要，而完全不考虑这会对其他物种造成什么影响。”

“环保运动主要关注让我们如何‘不那么坏’，攫取得少一些，破坏得少一些。但人类作为一个物种，如果真有志向目标，那将会怎样呢？如果我们能够做出某种独特的贡献，某种‘给予’和‘布施’，而不是‘攫取’，那又将会怎样呢？”

“从这个意义上讲，安魂人类的情景假设是说我们正处在奎因所说的‘攫取者’行列的终结点。”奥托说，“一个村庄，甚至一个国家攫取得太多而给予得太少是一回事。但现在是整个人类都在全球范围以前所未有的规模和速度进行攫取，这又完全是另一回事了。

“我们在说：如果不重新认识我们为什么生在这里，就不会有全新的发展路径，因为只有那样我们才能真正意识到自己能给予什么。”

“是的，这就要求我们必须用不同的方法思考了：要把我们看成是宇宙的一部分。印第安古老的阿纳萨齐（Anasazi）文明，就像许多本土民族一样，都相信他们必须举行仪式和舞蹈来保持与宇宙的平衡。如果他们忽视了这项义务，不仅是他们，其他无数种生命都会遭受痛苦。也许目前所有这些，都是要重新发现我们今天的、现代世界中的舞蹈应是什么样子的，并发现我们作为舞蹈者，自己究竟是谁。”

“所以，看清我们集体U形下行段的历程，即重新发现我们的志向目标的历程，实际上就揭示了这个深层问题。”贝蒂·苏说，“我们是谁？人类从根本上是与自然分离的，还是不可分离的？我们需要重新认识我们在宇宙中的位置，这样才能看清它都需要我们什么，我们都需要它什么。而且这不仅是理念层面的发现。记得你在下加利福尼亚的悲伤吧，约瑟夫？”

“我永远不会忘记。那就像你失去亲人时的悲伤。但那不是只失去一个亲人，那更像是突然发现自己以前从不知道的家庭，而那个家庭正在经受痛苦。”

“因而，你从那种悲伤中发现了以实玛利的问题所暗示的志向目标。”贝蒂·苏继续说道。

“对。”约瑟夫回答道，“对我来说，这种志向必须与我们今天的受托责任相关，与生命的新可能性相联系，即使我们不知道这种新可能性是什么。”

“也许，这会从全球网络生成的集体智慧中出现。”奥托说，“尼卡诺·帕拉斯（Nicanor Perlas）所说的‘全球化的真正意义’，就是‘提升对所有人类社会之间的深层内在互通性的感知能力’。”

“我认为只要我们开放身心，找到自己的位置，这就是真正的可能性。”贝蒂·苏说。

“而当我们找到自己的位置时，我们会发现‘两个方向’的内在互通性。”彼得说，“约瑟夫，也许你感受到的海狮的痛苦既来自它失去了与我们的关系，也来自我们失去了与它的关系。”

“就好像家庭关系被切断了。”约瑟夫点头说道。

“我觉得这种更大的志向目标，一直都在我们的对话中蕴藏着。”贝蒂·苏说，“当我们体悟到我们为什么在这里时，未来之势场就起作用了。我们必须非常直接地感悟到这一点，就像约瑟夫在下加利福尼亚经历的。而在U形底部扩展的自我，自然会发现更大的志向目标。”

“在那里，我们会有一种经历，即自己既是整体，又是整体的‘一部分’。”奥托说，“这不正是波姆在伦敦和约瑟夫讲的话吗：‘人类的自然状态’，即‘分离又不孤立’。”

“但分离的假设观念如此根深蒂固，我真想不出怎样才能改变它。”彼得说，“我觉得许多人希望‘9·11’告诉我们一件事，即我们中的任何人都能影响到我们所有人。但那次‘提醒’过后发生的事却说明，这同时也会带来巨大的恐惧感，甚至产生与希望完全相反的作用：加强了自我防卫和距离感的意识。”

“恐惧感只能造成分离和割裂。”奥托说，“马图拉那说，‘仁爱是扩展智力的唯一情感’，那是因为仁爱能使我们相通。”

“也许我们需要看到诸如随机数发生器试验这类研究结果，发现我们所参与的场实际上有多微妙、多广泛的影响力。”约瑟夫说。

“而且看到进化也许不会在我们这里停滞不前了。”彼得说。

“在小说接近后半段时，以实玛利讲了一个很搞笑的故事。它在海滩遇见一只水母，并问它是如何来到那里的。水母详细描述了从细菌到单细胞生物，又到更复杂的水生物，直到最后，奎因写道，水母‘由于自豪而变成粉色’，并说：‘最后，水母才终于出现！’”[2]

“呵呵，很好，我们现在知道不能在物种近视病领域搞垄断了。”贝蒂·苏笑着说道。

“尽管听上去很愚蠢，我们的行为的确像是在说：进化已经在我们这里停止了，‘我们是终点站’，我们是地球上40亿年‘大自然项目’的全部意义。如果能意识到这是错误的臆想，就可能引起很多转变。也许我们在这里是让下一阶段的进化成为可能，也许我们的意识将影响下一阶段的进化。”

“这肯定会加剧问题的严重性，使利害关系更明确，并让我们做好行动的准备。”约瑟夫说。

“是的，”彼得同意，并笑着说，“我觉得你说得很对，有些研究可能帮助我们认识和理解一件事：我们是处在一种活的生成力场中，而且我们会影响它，它也一样会影响我们。

“我觉得，假如我们能找到自己的位置，就能发现我们的志向目标。”

引 言

1. 这是根据物理学家和科学哲学家伯涛夫特的观点，参见：Henri Bortoft: *The Wholeness of Nature: Goethe's Way Towards a Science of Conscious Participation in Nature*. Hudson, N.Y.: Lindisfarne Press, 1996。

2. 参见1999年9月23日夏莫（C. O. Scharmer）在伦敦进行的采访“Conversation with Rupert Sheldrake: Morphic Fields”，详见：www.dialogonleadership.org。

3. 参见1999年7月14日夏莫（C. O. Scharmer）在伦敦进行的采访“Conversation with Henri Bortoft: Imagination Becomes an Organ of Perception”，详见：www.dialogonleadership.org。

4. 同上。

5. 参见德赫斯，《长寿公司》（A. P. de Geus, *The Living Company*. Cambridge, Mass.: Harvard Business School Press，1997）.

6. *The New York Times*，June 24 1993，1，9.

7. 参见：C. O. Scharmer, “Theory U: Leading From the Emerging Future,” Habilitation Thesis（2004）,详 见：www.ottoscharmer.com; C. O. Scharmer, *Ästhetik als Kategorie strategischer Führung*（Aesthetics as a Category of Strategic Leadership）; *Der ästhetische Typus von Organisationen*（Stuttgart:Urachhausverlag,1991）; C. O. Scharmer, *Reflexive Modernisierung des Kapitalismus als Revolution von innen:Auf der Suche nach Infrastrukturen einer lernenden Gesellschaft*（Reflective Modernization of Capitalism: Toward Infrastructures of a Learning Society）. Stuttgart: Schäffer-Poeschel, 1996.

8. J. Jaworski, *Synchronicity: The Inner Path of Leadership*. San Francisco: Berrett-Koehler, 1996, p. 181.

9. J. Jaworski and C. O. Scharmer, “Leadership in the Digital Economy: Sensing and Actualizing Emerging Futures” . Cambridge, Mass.: Society for Organizational Learning and Beverly, Mass.: Generon Consulting, 2000，详 见：www.dialogonleadership.org: C. O. Scharmer, W. B. Arthur, J. Day, J. Jaworski, M. Jung, I. Nonaka, and P. M. Senge, “Illuminating the Blind Spot,” 2002, 详 见：www.dialogonleadership.org。该篇文章的精简版刊登在*Leader to Leader*（Spring 2002）, pp. 11-14; C. O. Scharmer, “Self-Transcending Knowledge: Sensing and Organizing Around Emerging Opportunities,” *Journal of Knowledge Management,* 5, no.2（2000）; pp. 137-150; C. O. Scharmer, “Presencing: Learning from the Future as It Emerges,” 该篇论文曾经于2000年5月25~26号在芬兰赫尔辛基市赫尔辛基经济学院举办的知识与创新会 议（Conference on Knowledge and Innovation, Helsinki School of Economics, Helsinki, Finland, May 25-26, 2000）上提出。详见：www.ottoscharmer.com; C. O. Scharmer, “Organizing Around Not-Yet-Embodied Knowledge,” in G.V. Krogh, I. Nonaka, and T. Nishiguchi, eds., *Knowledge Creation: A New Source of Value*. New York: Macmillan, 1999, pp. 36-60; C. O. Scharmer, “Theory U: Leading From the Emerging Future”（与即将出版的新书题目相同的序言）, 2004, 详见：www.ottoscharmer.com; P. Senge and C. O. Scharmer, “Community Action Research,” in *Handbook of Action Research,* P. Reason and H. Bradbury. Thousand Oaks, Calif.: Sage Publications, 2001, pp. 238-249; K. Käufer, C. O. Scharmer, and U. Versteegen, “Reinventing the Health Care System from Within: The Case of a Regional Physician Network in Germany,” MIT Working Paper WPC 0010. 2003, 详见：www.dialogonleadership.org; U. Versteegen, K. Käufer, and C. O. Scharmer, “The Pentagon of Praxis” in *Reflections: The Sol Journal,* 2, no. 3（2001）: pp. 36-45; K, Käufer, C. O. Scharmer, and U. Versteegen, “Breathing Life into a Dying System” in *Reflections: The Sol*

Journal, 5, no. 3 (2004) : pp. 1-12.

10. 更多关于访谈项目的信息及本书中语录的来源，请参见：www.dialogonleadership.org 及国际组织学习学会的网站：www.solonline.org。

第1章

1. J. Miles, “Global Requiem: The Apocalyptic Moment in Religion, Science, and Art”，宗教思想生活协会“交流与碰撞研讨会”15周年纪念日上的主题致辞，刊登在*Cross Currents,* 50, no. 3 (Fall 2000) : pp. 294-309；详见：www.crosscurrents.org/milesrequiem.htm。

第2章

1. 该观点和本段其他观点来源于越南一行禅师 (Thich Nhat Hanh) 的论文，阐述“众生相即” (Interbeing) 的概念, Hahn, *The Heart of Understanding*. Berkeley, Calif.: Parallax Press, 1988，我们在此表示感谢。

2. 有关持续生产流动和精益生产中的文化变革的案例，参见：J. Womack, *The Machine That Changed the World*. New York: Scribner, 1990, 以 及T. Johnson and A. Broms, *Profit Beyond Measure*. New York: Free Press, 2000。

3. D. Bohm, *Thought as a System*. London: Routledge, 1994; D. Bohm, *On Dialogue*. London: Routledge, 1996.

4. D. Bohm and M. Edwards, *Changing Consciousness: Exploring the Hidden Source of the Social, Political and Environmental Crisis Facing the World*. San Francisco: Harper, 1991, p. 6.

5. M. Ray and R. Myers, *Creativity in Business*. New York: Doubleday/Currency, 1986.

6. 管理我们内心“判决的声音”的问题已经被广泛研究，其中一个领域是写作的创造性阶段。参见：B. Flowers, “Madman, Architect, Carpenter, Judge: Roles and the Writing Process,” *Proceedings of the Conference of College Teachers of English*, (Texas) 44 (Sept. 1979) , pp. 7-10。

7. 有关零点项目的研究和理论的更多信息，参见：H. Gardner, *Frames of Mind*：*The Theory of Multiple Intelligences*. New York: Basic Books, 1993（最早出版于1983年）, 及 www.pz.harvard.edu。

8. 参见："Conversation with W. Brian Arthur: Coming from Your Inner Self," interview by J. Jaworski and C. O. Scharmer, Xerox Parc, Palo Alto, Calif., April 16, 1999, www.dialogonleadership.org。

9. W. Isaacs, *Dialogue and the Art of Thinking Together*. New York: Doubleday/Currency, 1999, p. 41.

10. 实际的交流总是比这类简单的举例更为复杂。培养在职场中悬挂假设的能力时，可以使用诸如"推断之梯"、情景规划和其他探索假设观念或心智模式的方法，并从中获益。例如，可参见《第五项修炼·实践篇》（P. Senge et al., *The Fifth Discipline Fieldbook*. New York: Doubleday/Currency, 1994）, pp. 235-293, 或同上注：Isaacs。

11. 参见："The Cauldron," in Senge, et al., *The Fifth Discipline Fieldbook*, pp. 364-373。

12. 同上；参见：W. Isaacs, *Dialogue and the Art of Thinking Together*. New York: Doubleday/Currency, 1999。

13. 参见《第五项修炼·变革篇》（P. Senge, et al., *The Dance of Change*. New York: Doubleday/Currency, 1999）。

14. 参见：M. Waldrop, *Complexity*. New York: Simon and Schuster, 1992。

第3章

1. M. Buber, *I and Thou*, trans. Ronald Gregor Smith. New York: Scribner Classics, 2000, pp. 23-24.

2. 瓦莱拉是法国国家科学研究中心（National Institute for Scientific Research）的研究总监。

3. 该项目在"学习经历"描述中有详细记载。参见：G. Roth and A. Kleiner, *Car Launch*. New York: Oxford University Press, 2000。

4. 参见《第五项修炼·实践篇》（P. Senge et al., *The Fifth Discipline*

Fieldbook. New York: Doubleday/Currency, 1994）, pp. 84-190。

5. H. Bortoft, *The Wholeness of Nature*, p.264.

6. E. Schein, *Organizational Culture and Leadership*, 2nd ed. San Francisco: Jossey-Bass, 1992; E. Schein, *The Corporate Culture Survival Guide*. San Francisco: Jossey-Bass, 1999.

7. 例如，参见《第五项修炼·实践篇》(P. Senge, et al. , *The Fifth Discipline Fieldbook*, pp. 245-252)。

8. 卡巴津恩当时担任马萨诸塞大学（University of Mass.）教授和“冥想、卫生健康和社会生活中的正念禅修研究中心”（Center for Mindfulness in Meditation, Healthcare and Society）主任。他是麻省理工学院神经生物学博士，著作包括：*Wherever You Go, There You Are*. New York: Hyperion, 1994，以及其他许多有关正念的专业和普及作品，备受欢迎。

第4章

1. 坎贝尔引用的是哲学家叔本华（Schopenhauer）的话。

第5章

1. A. Kahane, *Solving Tough Problems: An Open Way of Talking, Listening, and Creating New Realities*. San Francisco: Berrett Koehler, September 2004.

第6章

1. W. B. Arthur, “Increasing Returns and the New World of Business,” *Harvard Business Review* (July-August, 1996) , pp. 100-109.

2. J. Schumpeter, *Capitalism Socialism and Democracy*. New York: Harper, 1975（最早出版于 1946）, pp. 82-85。

3. W. B. Arthur, J. Day, J. Jaworski, M. Jung, I. Nonaka, C. O. Scharmer, and P. Senge, “Illuminating the Blind Spot ,” *Leader to Leader*

（Spring 2002）, pp. 11-14.

4. 无论是从个人角度，还是组织的角度，都有从经验中学习的大量文献。我们可以在彼得·圣吉等人编著的《第五项修炼·实践篇》（P. Senge, et al., *The Fifth Discipline Fieldbook*. New York: Doubleday/Currency, 1994，pp. 59-65）中找到对标准学习周期的简单概括。其他经典的参考文献还包括全面质量管理的“戴明PDCA循环”（PDCA cycle）。参见：W. F. Deming, *Out of Chaos*. Cambridge, Mass.: MIT Center for Advanced Engineering Studies, 1982, p.88; D. Kolb, *Experiential Learning: Experience as the Source of Learning and Development*. Englewood Cliffs, N. J.: Prentice-Hall, 1984; and E.Schein, *Process Consultation Revisited: Building Helping Relationships*. Reading, Mass.: Addison-Wesley, 1999。

5. 参见：e.g., J. P. Kotter, *Leading Change*. Boston: Harvard Business School Press, 1996, 以及P. C. Nutt, *Managing Planned Change*. New York: Macmillan, 1992。

6. J. Jaworski, *Synchronicity: The Inner Path of Leadership*. San Francisco: Berrett-Koehler, 1996, pp. 176-179, pp.182-185. 另参见：J. Jaworski, “Synchronicity and Servant Leadership,” in *Focus on Leadership: Servant-Leadership for the 21st Century*, L. C. Spears and M. Lawrence, eds. New York: John Wiley and Sons, 2002, pp. 287-294; 以及J. Jaworski, “Destiny and the Leader,” in *Insights on Leadership: Service, Stewardship, Spirit and Servant-Leadership*, L. C. Spears, ed. New York: John Wiley and Sons, 1998, pp. 258-287.

7. 参见：C. O. Scharmer, “Presencing: Learning from the Future as It Emerges”，该论文在2000年5月25~26日于芬兰赫尔辛基经济学院（Helsinki School of Economics）举办的“知识与创新会议”（Conference on Knowledge and Innovation, May 25-26, 2000, Helsinki School of Economics, Helsinki, Finland）上提出。详见：www.ottoscharmer.com. C. O. Scharmer, “Self-Transcending Knowledge: Sensing and Organizing Around Emerging Opportunities,” *Journal of Knowledge Management,* 5, no. 2（2001）: 137-150. C. O. Scharmer, W. B. Arthur, J. Day, J. Jaworski, M. Jung, I. Nonaka,

and P. Senge, "Illuminating the Blind Spot: Leadership in the Context of Emerging Worlds"，这是对一个正在进行的研究项目的介绍，详见：www.dialogonleadership.org。另参见夏莫U型理论一书中的全面介绍，*Theory U: Leading from the Emerging Future*（www.ottoscharmer.com）。另参见夏莫关于U型理论基本原则的早期著作：*Reflexive Modernisierung des Kapitalismus als Revolution von innen. Auf der Suche nach Infrastrukturen einer lernenden Gesellschaft*（Reflective Modernization of Capitalism: Toward Infrastructures of a Learning Society）. Stuttgart: Schäffer-Poeschel, 1996。另参见欧洲同事Friedrich Glasl的著作，他提出一个不同但又相关的U形过程：F. Glasl, *The Enterprise of the Future*. Stroud, U. K.: Hawthorn Press, 1997，pp.67-71；以及F. Glas, *Confronting Conflict*. Stroud, U. K.: Hawthorn Press, 1999, pp. 154-156。

U型理论的提出是基于对三个不同方法论的综合：现象学（精确的观察），东西方的冥想演练方法（本原觉知）和快速循环的革新及创造（快速形成原型，建立鲜活样板）。这种综合方法的灵感来源是多种多样的，但是对夏莫和Glasl来说最重要的灵感来源可能是奥地利哲学家Rudolph Steiner（1861—1925）的著作。他将歌德的科学方法与他自己的精神科学"人智学"（Anthroposophy）相结合。参见：R. Steiner, *The Philosophy of Freedom*. London: Rudolf Steiner Press, 1988。

8. 行为学家把这叫作"认知偏差"（cognitive bias）和对过去经验的"固着"（anchoring）。参见：e.g., D. Kahnemand, P. Slovic, and A. Tversky, *Judgement under Uncertainty: Heuristics and Biases*. Cambridge, U. K.: Cambridge University Press, 1982。

9. 著名的组织理论学家卡尔·维克（Karl Weick）在对Mangulch森林消防队的死亡分析中举出一个强有力的事例：在火势出现突然逆转的时候，他们无法"放弃他们的工具"，然后逃离火场。参见：K. Weick, "Prepare Your Organization to Fight Fires," *Harvard Business Review*（May-June 1996）, pp. 143-148. Henry Mintzberg 在他的紧急情况的有效策略的分析中也提出了类似的观点，参见：H. Mintzberg, "Crafting Strategy," *Harvard Business Review*（July-August 1987）, pp. 66-75。

10. Annie Besant 翻译的《薄伽梵歌》(The Bhagavad-Gita)，或“The Lord's Song”，*The Bible of the World*. New York: Viking, 1939， 由R. Ballon出版社重新出版。

第7章

1. Matthew 19: 24.

2. Eleanor Rosch, “Spit Straight Up-Learn Something! Can Tibetan Buddhism Inform the Cognitive Sciences?,” in *Meeting at the Roots: Essays on Tibetan Buddhism and the Natural Sciences*, B. A. Wallace, ed. Berkeley, Calif.: University of California Press。

3. 同上。

4. “Conversation with Eleanor Rosch: Primary Knowing: When Perception Happens from the Whole Field,” interview by C. O. Scharmer, University of California, Berkeley, Department of Psychology, October 15, 1999， 详 见：www.dialogonleadership.org。

5. 西田几多郎是近代第一位将东方传统智慧和西方哲学思想深度结合的日本思想家。参见：K. Nishida, *An Inquiry into the Good* , trans. M. Abe and C. Ives. New Haven, Conn.: Yale University Press, 1990。

6. “Conversation with Eleanor Rosch: Primary Knowing: When Perception Happens from the Whole Field,” interview by C. O. Scharmer, University of California, Berkely, Department of Psychology, October 15, 1999， 详 见：www.dialogonleadership.org。

第9章

1. 全部内容详见：www.solonline.org。

2. 玛丽亚 · 冯 · 特普拉是奥地利海军上校巴隆 · 冯 · 特普拉与他第一任妻子的女儿之一。在第一任妻子去世之后，父亲最终与孩子们之前的临时保姆再婚，她的名字也叫玛丽亚。巴隆 · 冯 · 特普拉的第二任妻子玛丽亚，是《音乐之声》一剧的女主角。

3. 在斯特朗夫妇（Maurice, Hannah Strong）和其他几位同事的帮助下，米尔顿建立了圣地托拉斯（Sacred Land Trust）。到目前为止，已成功地保留了大约360英亩土地，从而使这片土地在以后的任何开发中都能得到保护。

第10章

1. G. B. Shaw, “Dedicatory Epistle,” *Man and Superman*. New York: Penguin, 1950.

2. 参见：R. Fritz, *The Path of Least Resistance*. New York: Ballantine Books, 1989, 以及R. Fritz, *Your Life as Art*. Newfane, Vt: Newfane Press, 2002。

3. Fritz的“结构性张力”一词在《第五项修炼》中被称作“创造性张力”（参见：e.g., P. Senge, *The Fifth Discipline*）。

4.《道德经》第29章和第48章（Lao Tzu, Tao T. Ching, Gia-Fu Feng）和Jane的英文译本（New York: Vintage Books, 1972, Chapters 29, 48）。

5. M. Buber, *I and Thou*, p. 59.

第11章

1. R. Bache, *Dark Night, Early Dawn*. Albany: State University of New York Press, 2000, pp. 188-189.

2. 参见：“Conversation with John Kao, Interview by C. O. Scharmer” in *Reflections: The SoL Journal,* 2, no. 4, 10-20; 另参见www.dialogonleadership.org。

3. 参见：R. Fritz, *Your Life as Art*. Newfane, Vt: Newfane Press, 2002。

4. 众所周知的事例包括世界可持续发展工商委员会（World Business Council for Sustainable Development，www.wbcsd.org），CERES（www.ceres.org）和联合国全球契约组织（the United Nations Global Compact，www.unglobalcompact.org）。

5. 雷克斯案例的详情，参见：M. Hotchkiss, C. Kelley, R. Ott, and J. Elton, “The Lakes Story,” *Reflections: The SoL Journal*, 1, no. 4（2000），24-31。

6. J. Jaworski, *Synchronicity*, p. 88.

7. W. H. Murray, *The Scottish Himalayan Expedition*. London: J. M. Dent and Sons, 1951.

8. R. Bache, *Dark Night, Early Dawn*, pp. 189-196.

9. 同上, p. 183。

10. 同上, p. 185。

11. 同上, p. 183。

第12章

1. 参见：P. Mirvis, K. Ayas, G. Roth, *To the Desert and Back: The Story of the Most Dramatic Business Transformation on Record*. New York: Jossey-Bass, 2003。

2. Dee Hock, *Birth of the Chaordic Age*. San Francisco: Barrett-Kohler, 1999, pp. 124-125.

3. 同上, pp. 134-135。

4. 同上。

5. 同上, p. 140。基本原则是：所有参加者具有平等的所有权；参加者享有平等的权利和义务；对所有符合资格的潜在参加者公开；最大限度地分散权力、职责和资源；在每个管理机构中，实现职权的公平分配；新的理念或组织不得以任何形式轻视已有的参加者；最大限度地遵循自愿原则（例如退出协会和共有财产的使用）；应当引导而不应当强制推行变革；应当有无限的可塑性，但同时又有持久性。

6. "Democratic Vistas," *The Portable Walt Whitman*, M. van Doren, ed. New York: Penguin Books, 1979, p. 348.

第13章

1. 参见：D. Chatterjee, *Leading Consciously*. Massachusetts: Butterworth-Heinemann, 1998, 以及 *Light the Fire in Your Heart*. New Delhi: Full Circle, 2002。

2. 参见南怀瑾《原本大学微言》. *A Light Talk on the Original "Great Learning"*, 老古文化出版社，Lao Ku Culture Foundation, 1998。

3. 关于西方人对佛教自我观的阐述，参见：M. Epstein, *Thought Without a Thinker: Psychotherapy from a Buddhist Perspective*. New York: Basic Books, 1995。

第14章

1. Jakob von Uexküll曾做过类似的观察，他断言我们的行为（Wirkwelt）向全球范围扩展的影响不再是与一个相似的感知（merkwelt）扩展相关联，也不再是对感知扩展的反馈。参见：J. Uexküll and G. Kriszat, *Streifzüge durch die Umwelten von Tieren und Menschen*. Frankfurt Main: Fischer Verlag, 1970。

2. D. Peat, *Infinite Potential: The Life and Times of David Bohm*. Reading, Mass.: Addison-Wesley, 1999, p. 1.

3. 参见：J. Jaworski与Bohm的私下会谈，*Synchcronicity*. San Francisco: Berrett-Koehler, 1996, pp. 79-89，以及London, July 28, 1980版。

4. 参见：e.g., G. Cajete, *Native Science: Natural Laws of Interdependence*. Santa Fe, N. M.: Clear Light Publishers, 1999。

5. D. Bohm and M. Edwards, *Changing Consciousness: Exploring the Hidden Source of the Social, Political and Environmental Crisis Facing the World*. San Francisco: Harper, 1991, p. 6.

6. 同上。

7. 例如，系统家庭疗法（systems family therapy）就是由此产生的，它认为最深刻的洞察力和杠杆作用在于理解更广泛的人际关系模式。换言之，如果你想帮助身陷困境的青少年，就需要了解他们和父母之间的关系，以此作为家庭系统的基本元素。参见：D. Kantor and W. Lehr, *In the Family*. San Francisco: Jossey-Bass, 1975。

8. 参见：e.g., D. Ancona, "Bridging the Boundary: External Activity and Performance in Organizational Teams," *Administrative Science Quarterly*（1992, 37）, pp. 634-664。

9. H. T. Johnson and A. Broms, *Profit beyond Measure*. New York: The Free Press, 2000, p. 45. 另见H. T. Johnson, "Reflections of a Recovering Cost

Accountant," SoL Research Forum, January, 1998, www.solonline.org。

10. Johnson and Broms, *Profit Beyond Measure*, pp. 103-110.

11. F. Capra, *The Hidden Connections. Integrating the Biological, Cognitive, and Social Dimensions of Life into a Science of Sustainability*. New York: Doubleday, 2002, pp. xvi-xvii; 另 见F. Capra, *The Turning Point*. New York: Bantam Books, 1982。

12. J. S. Bell, "On the Problem of Hidden Variables in Quantum Mechanics," *Review of Modern Physics*, 38（1966）: 447-452; J. T. Cushing and E. McMullin, *Philosophical Consequences of Quantum Theory: Reflections on Bell's Theorem*. Notre Dame, Ind.: Notre Dame Prsess, 1989.

13. D. Radin, *The Conscious Universe*. San Francisco: Harper, 1997, p.278.

14. D. Bohm, *Wholeness and the Implicate Order*. London: Ark Paperbacks, 1984, p. 129.

15. R. D. Nelson, D. I. Radin, R. Shoup, P. Bancel, "Correlation of Continuous Random Data with Major World Events," p. 10, http://noosphere.princeto.edu. 另见R. D. Nelson, D. I. Radin, R. Shoup, P. Bancel, "Correlation of Continuous Random Data with Major World Events," *Foundations of Physics Letters,* 15, no. 6（2000）: 537-550; D. I. Radin, "For Whom the Bell Tolls: A Question of Global Consciousness," *Noetic Sciences Review*, 63（2003）: 8-13, 44-45; D. I. Radin, "Exploring Relationships Between Random Physical Events and Mass Human Attention: Asking for Whom the Bell Tolls," *Journal of Scientific Exploration*, 16, no. 4（2002）: 553-548. 在"9 · 11"事件中该观测站网络的可能性概率的总结：实测的网络方差0.003, 实测自身相关系数0.001，实测节间相关系数0.000 2。详情可直接咨询普林斯顿大学机械工程学院的R. D. Nelson。

16. 参见：Jaworski, *Synchronicity*, pp. 79-80, 177-180; 另见L. McTaggart, *The Field: The Quest for the Secret Force of the Universe*. New York: HarperCollins, 2002。

17. H. Maturana and F. Varela, *The Tree of Knowledge*. Boston, Mass.: Shambala Press, 1987.

18. 同上。

19. Capra, *The Hidden Connections*, p. 261.

20. 与David Bohm的私人谈话（London, July 28, 1980）。

21. A. Zajonc, *Catching the Light: The Entwined History of Light and Mind*. New York: Bantam Books, 1993.

22. "Investigating the Space of the Invisible: Conversation with Arthur Zajonc," interview with C. O. Scharmer, Amherst, MA, October, 2003. www.dialogonleadership.org。另见A. Zajonc, *Goethe and the Science of His Time: An Historical Introduction*, in *Goethe's Way of Science: A Phenomenology of Nature*, D. Seamon and A. Zajonc, eds. New York: State University of New York Press, 1988, pp. 15-30。

23. Goethe, 1823, 引自A. Zajonc, *Goethe and the Science of His Time: An Historical Introduction,* in *Goethe's Way of Science: A Phenomenology of Nature*, D. Seamon and A. Zajonc, eds. New York: State University of New York Press, 1988, pp. 27。

24. 美国国家科学基金会（NSF）为规划程序筹集资金，标志着这两种认识论开始出现汇合，NSF也是该中心的一个潜在的资助者。

25. 萨特布隆认为"本土科学"（native science）的概念在主流科学家中存有争议。在私人信函中，她曾将其定义为"世界各地人民收集、发展和拥有的集体知识"。这是从史前开始，当地居民世代口口相传的知识。直到最近，这种知识由于其"原始性"而被人们丢弃。然而事实上，它不断地证明了其本身的精密性与复杂性。随着我们对当前环境危机的严重性不断加深认识，在许多领域里，科学家们正在搜寻和重视这种本土化的知识/科学。

26. 引自《第五项修炼》（P. Senge, *The Fifth Discipline*）, p.170，"（人类）对自己、对自己的思想和感觉的体验，好像是与其余的世界相分离的——这其实是我们意识中的一种光学幻象。这种幻象错觉对我们来说就是一种囚禁，它把我们局限在个人的欲望里，并把我们的感情局限在最近的几个人身上。我们的任务就是把自己从这个囚禁中解放出来，而方法就是通过扩展我们的慈悲心的范围，使之包容所有的生命，包容整个大自然，及其内在之美。”

27. 参见：Humberto Maturana, “Metadesign,” www.inteco.cl/articulos/metadesign_parte3.htm。

28. 参见《第五项修炼》(P. Senge，*The Fifth Discipline*) 或《第五项修炼 · 实践篇》(P. Senge, et al., *The Fifth Discipline Fieldbook*)，pp. 135–140。

第15章

1. I. Nonaka and H. Takeuchi, *The Knowledge-Creating Company: How Japanese Companies Create the Dynamics of Innovation*. Oxford: Oxford University Press, 1995.

2. T. Berry, *The Dream of the Earth*. San Francisco Sierra Club Books, 1988, p. 123.

3. R. Greenleaf, *The Servant Leader Within: A Transformative Path*. Mahwah, N. J.: Paulist Press, 2003.

4. M. Buber, *I and Thou*, trans. Ronald Gregor Smith. New York: Scribner, 1958.

5. 这个理论是大乘佛教 (Mahayana Buddhism) 的重点，这个佛教学派来源于印度，在中国、北亚和日本都特别有影响。例如，参见《大乘起信论》[*The Awakening of Faith* (attributed to Asvaghosha) trans. with commentary by Y. S. Hakeda. New York: Columbia University Press, 1967]。

6. 本访谈 *The Blind Spot: Hitler's Secretary* 可以通过 www.amazon.com 网站获取带有英语、法语和西班牙语字幕的DVD。

尾　声

1. D. Quinn, *Ishmael*. New York: Bantam/Turner Books, 1992.

2. 同上，p. 56。

致 谢

我们4个人通过不同的合作方式已经在一起工作了20多年，但是这个项目很特别，因为有其他许多朋友及同僚的共同参与。

本书的特色之一，是接受奥托和约瑟夫采访的150多位顶尖科学家、企业家和社会企业家所做的投入和带来的启示。这些采访往往以一个简单的问题开始：“您工作中的核心问题是什么？”这毫无例外地开启了被采访者的反思和关爱的内心世界。如果我们之中有人曾经怀疑主流世界观正在发生改变，那么与这些杰出人士的对话则重新树立了我们的信念：未来确实可以不同于过去。若不是他们愿意对我们这些简单的问题敞开心扉，我们就不可能写出这本书。

在本项目的初始阶段，来自麦肯锡欧洲公司的迈克尔·荣（Michael Jung）、乔纳森·戴（Jonathan Day）和日本一桥大学（Hitotsubashi Univ.）的野中郁次郎与我们一起分析了这些采访。在本书的主要思想逐渐成形时，其中许多被访者也提供了广泛的帮助，包括罗施、瓦莱拉、比尔·托伯特（Bill Torbert），特别是与我们多次会面，并且对全书内容提出了反馈意见的布莱恩·阿瑟。我们要感谢希格露恩·博伊斯（Sigrun Bouius）、高让·卡斯泰德（Goran Carstedt）、邱文晖（Khoo Boon Hui）、安特·格拉瓦什（Ante Glavas）、谢丽·伊米迪阿多（Sherry Immediato）、赛贾·库尔基（Seija Kulkki）、曼努埃尔·蒙哥（Manuel Manga）、戴安·圣吉（Diane Senge）、乌苏拉·维尔斯蒂根（Ursula Versteegen）、牛津饥荒救济委员会的芭芭拉·斯托金、壳牌公司的戴维·查普曼、BP公司的维维恩·考克斯和惠普公司的安·默里·艾伦（Ann Murray Allen），他们都读过早期手稿并提出了宝贵意见。亚当·卡汉在此期间反复阅读了本书的各种版本，他的工作是这里阐述的思想的另一个实践代表。

我们还要感谢在各地的共同采访者，他们帮助我们完成了在世界各地进行的最后的系列采访：格伦尼弗·吉莱斯皮（Glemmifer Gillespie）和贝丝·扬德诺（Beth Jandernoa，南非和美国），埃琳娜·迭兹·平托（Elena Diez Pinto，危地马拉），塔奇托·诺布雷（Tacito V. Nobre）和法比奥拉·M. 诺布雷（Fabiola M. Nobre，巴西），达山·齐特拉巴努（Darshan Chitrabhanu，印度），杰奎琳·黄（Jacqueline Wong，新加坡）和法比奥·斯格拉格力（Fabio Sgragli，欧洲）。我们要特别感谢苏珊·泰勒（Susan Taylor），她负责安排本书中所需访谈的后勤工作，还整理记录了很多录音带。

约翰·米尔顿一直是我们所有人的灵感和老师。毫无疑问，正因为认识了他，我们才领会到这些理念其实是与古代智慧紧密相关的，即在宇宙生生不息的繁衍过程中，自然与人类是不可分割的。

妮娜·克鲁奇维茨（Nina Kruschwitz）负责手稿并提出了理顺整体结构的建议，这是我们之前没有留意到的。她还帮助我们编辑了本书，并在设计和出版的过程中进行了指导。

本书的对话围绕着我们的系列聚会的精神和顺序，但不是记录我们会面细节的流水账。大部分会面都是在奥托和他的妻子兼伙伴卡特琳·科伊弗（Katrin Kaeufer）博士在马萨诸塞州剑桥的家中进行的。科伊弗成为整个计划中的一个重要思想伙伴，她作为共同研究者，致力于跨界深度对话方面的合作研究，如危地马拉项目和德国卫生项目中提到的网络领导力。

最初采访项目的资金来自麦肯锡。其他资金来自麻省理工学院组织学习基金（MIT Fund for Organizational Learning）、杰纳伦顾问公司（Generon Consulting）、国际组织学习学会和匿名的个人捐赠。